Über dieses Buch Die Texte der Sammlung ›Traumkraut‹ entstanden zwischen 1948 und 1950. Es sind die letzten Gedichte, die Yvan Goll, schon im Bewußtsein des nahen Todes – er starb 1950 an Leukämie – geschrieben hat. »Nach zwanzigjähriger Abkehr bin ich zur deutschen Sprache zurückgekehrt, mit welcher Hingabe und Lust an der Erneuerung, fast klopfenden Herzens«, schrieb der Dichter aus dem Krankenhaus an Alfred Döblin. Diese dichten, bilderreichen Verse über ›Die Hochöfen des Schmerzes‹, ›Die inneren Bäume‹ und Golls letzte Gedichte an seine Frau Claire, ›Die Angsttänzerin‹, ›Tochter der Tiefe‹ und andere, gehören zu seinen schönsten Gedichten. »In deutscher Sprache hatte er begonnen zu dichten – und schuf sein größtes Werk, den Lyrikband ›Traumkraut‹« (Jürgen Serke in ›Die verbrannten Dichter‹). Von den Umständen, unter denen diese Verse entstanden sind, erzählt Claire Goll in einem kurzen Vorwort.
Der Zyklus ›Die Antirose‹ ist ein poetischer Dialog der Liebe. Er enthält im ersten Teil Gedichte von Yvan Goll aus den Jahren 1920 bis 1948, im zweiten Teil Gedichte von Claire aus den Jahren 1921 bis 1962; Gedichte über Yvans Tod hinaus, wobei jene Texte, in denen Claire von ihrer Trauer spricht und Zwiesprache hält mit dem toten Geliebten, besonders beeindrucken. Die Mehrzahl der Gedichte erschien zuerst in französischer Sprache und wurde von Yvan und Claire Goll selbst ins Deutsche übertragen.

Die Autoren *Yvan Goll,* 1891 in Saint-Dié (Elsaß-Lothringen) geboren, besuchte das deutsche Gymnasium in Metz und promovierte 1913 zum Dr. phil. in Straßburg. 1915 bis 1918 lebte er in Lausanne, von 1919 bis 1939 in Paris. Er schrieb satirische Romane, Dramen, Essays und Gedichte.

Claire Goll, 1890 in Nürnberg als Claire Aischmann geboren, aufgewachsen in München, lebte nach ihrer Heirat mit Heinrich Studer in der Schweiz. Freundschaft mit Rilke. Lernte 1917 Yvan Goll kennen. 1921 Heirat in Paris.

Beide waren mit vielen surrealistischen Malern und Dichtern befreundet. Claire schrieb Gedichte und Erzählungen. Gemeinsame Arbeiten entstanden. 1939 Emigration nach New York. 1947 Rückkehr nach Paris, wo Yvan Goll im Februar 1950 starb. Bis zu ihrem Tod 1977 war Claire Goll tätig als Herausgeberin der Werke ihres Mannes, als Übersetzerin und als Autorin, u. a. ihrer umstrittenen Memoiren ›Ich verzeihe keinem‹ (1978).

Im Fischer Taschenbuch Verlag ist außerdem Yvan Golls Roman ›Sodom Berlin‹ (Bd. 9188) lieferbar.

Yvan Goll

Traumkraut

Gedichte aus dem Nachlaß

Fischer Taschenbuch Verlag

Yvan und Claire Goll
Die Antirose
Gedichte

Fischer Taschenbuch Verlag

Veröffentlicht im Fischer Taschenbuch Verlag GmbH,
Frankfurt am Main, Juli 1990

Lizenzausgabe mit freundlicher Genehmigung der
Verlagsgruppe Ullstein Langen Müller, München
›Traumkraut‹:

›Die Antirose‹:
Originaltitel: ›L'Antirose‹
Deutsche Ausgabe:

Umschlaggestaltung: Buchholz/Hinsch/Hensinger
Satz: Fotosatz Otto Gutfreund, Darmstadt
Druck und Bindung: Clausen & Bosse, Leck
Printed in Germany
ISBN 3-596-29590-4

Inhalt

Traumkraut

Die Antirose

Yvan an Claire

Claire an Yvan

Traumkraut

In seinem lothringischen Elternhause hörte Yvan Goll nie ein deutsches Wort. Im Gymnasium zu Metz und später, als er kurz vor dem Ersten Weltkrieg auf der Straßburger Universität seinen Doktor machte, hörte er nie ein französisches. So kam es, daß er – in beiden Sprachen aufgewachsen – abwechselnd deutsch und französisch schrieb. Freilich inspirierte ihn zu der Mehrzahl seiner Bücher seine erste Muttersprache, und fünfzehn Jahre lang hatte er keinen deutschen Vers mehr geschrieben. Aber als er 1948 vor seiner tragischen Krankheit, der Leukämie, in das Spital von Straßburg flüchtete, das ihn nach fünf Monaten wunderbarerweise noch einmal befristet ins Leben entließ, nahm die Sprache seiner Jugend wieder von ihm Besitz, und es entstand – neben einem Band hermetischer Sonette in französischer Sprache: *Le Char Triomphal de l'Antimoine* – schon ein Teil der Gedichte des *Traumkrauts*.

Mit neunzehn Todeskandidaten den Saal teilend, hinaussehend auf den alten, romantischen Giebel des Straßburger Spitals und dessen zierliche kleine Kirche, atmete der kranke Dichter wieder den Geruch des seltsamen Krautes, jener unheimlichen, geheimnisvollen Traumblume, die einst auf dem deutschen Boden seiner Studentenzeit geblüht hatte.

Dem Tod, der ihm schon damals zu nahe getreten war, rief er alle jene Worte der Angst vor dem großen Mysterium, der ekstatischen Trauer, des Schauers vor der Dämonie der Zersetzung, des diesseitigen Wahns und der jenseitigen Ahnung und schließlich des Verzichts und der Weisheit zu, die die andern Saalgefährten nur fähig waren in dumpfen Schreien und Seufzern oder primitiven, im Dialekt gestammelten Sätzen vor sich hin zu jammern. Er war ihr lyrischer Wortführer dem Mann mit der symbolischen Sense gegenüber.

Als dann die neunmonatige Frist, die ihm dieser gelassen, um war und Yvan Goll in das amerikanische Hospital in Paris eingeliefert wurde, als er wußte, daß er dem Tode endgültig hörig war, bedeckte er in zwei Monaten alle erreichbaren Zettel, Briefumschläge, Arztrezepte und Zeitungsränder mit den winzigen Vögeln seiner schönen Schrift. Ja, die Gedichte des *Traumkrauts* sahen aus wie phantastische Zeichnungen aus einer andern Welt.

Manchmal schrieb er eines oder das andere der Gedichte ins reine auf einen Bogen Büttenpapier und sagte, es mir mit seinem ernsten, keuschen Lächeln überreichend: »Versprich mir, nichts anderes als diese Gedichte zu veröffentlichen. Alles was ich sonst geschrieben habe, muß zerrissen werden.« Diese, ihn kennzeichnende Strenge seinem Werk gegenüber hat ihn ein Leben lang angetrieben, voll Zweifel zu zerreißen und voll Hoffnung neu zu kreieren. Demut des Begnadeten.

Natürlich versprach ich alles um dieses Lächelns willen, das er immer wie eine Maske über den Schmerzenszügen trug. Denn selbst während der grausamsten, wochenlangen Qualen hat sich dieser stolze, mutige, diskrete Mensch niemals in der Pose des Märtyrers überraschen lassen. Voll Mit-Leid für seine Mitmenschen, lehnte er ihm bezeigtes Mitleid ab. Und nur einige Stunden vor seinem Tode, als er das Bewußtsein minutenlang verlor und laut hinausschrie: »St-e-e-e-r-r-ben! Laßt mich allein mit meinem Tod!« gaben seine großen, tragisch geweiteten Augen zu, daß sie besiegt waren. Gleich darauf – wieder bewußt – lächelte er aufs neue die Krankenschwestern und mich an, da er ja nicht ahnte, daß er sich verraten, uns – gegen seinen Willen – einen Blick in dies gütige Spiel der Täuschung erlaubt hatte.

Denn neben dem schweren physischen Kampf, dem Kampf mit der fürchterlichen körperlichen Zerstörung, kämpfte seine Seele den viel schwereren des Abschieds von der Gefährtin, die er unbeschützt zurücklassen mußte. Immer wieder spürt man im zweiten Teil des *Traumkrauts*, in diesen zärtlichen Gedichten eines Sterbenden, die Vorsorge des Mannes, der der

Geliebten einen unerschöpflichen Vorrat an Gefühl hinterlassen will.
Mit den letzten 900000 roten Blutkörperchen, die ihm blieben, hat er das Traumkraut seherisch in unsichtbaren Gärten gefunden und zum unverwelkbaren Abschiedsstrauß gebunden.
Aber vielleicht hätte Yvan Goll das *Traumkraut* nicht mehr schreiben können, wenn ihm nicht deutsche und österreichische, französische und norwegische und vor allem amerikanische junge Dichter ihr Blut geborgt hätten. Ja, sie kamen in Scharen, um dem Sterbenden die edelste aller Liebesgaben anzubieten.
Wohl ist das *Traumkraut* dem Herzen Yvan Golls entblüht, aber dies Herz war nur fähig, so lange zu schlagen, bis es die rote Traumblume zur Reife gebracht hatte, weil es gespeist worden war mit dem Herzblut von sechzehn Dichtern.

Claire Goll

Sprengung der Dotterblume

Gewittergelb
Wie Blick von Amazonen
Voll Lüsternheit des Chroms
Entsteigt die schwangere Dotterblume
Dem Ahnenteich
Sprengt
Der Götter Einsamkeit

Der Lerchen Lachen macht mich schaudern

Bluthund

Bluthund vor meinem Herzen
Wachend über mein Feuer
Der du dich nährst von bitteren Nieren
In der Vorstadt meines Elends

Leck mit der nassen Flamme deiner Zunge
Das Salz meines Schweißes
Den Zucker meines Todes

Bluthund in meinem Fleisch
Fang die Träume die mir entfliegen
Bell die weißen Geister an
Bring zurück zu ihrem Pferch
Alle meine Gazellen

Und zerbeiß die Knöchel meines flüchtigen Engels

Salz und Phosphor

Entkümmerte sich nur das Salz
In meinem Aug!
Wer wird das Eisen bergen
Aus meinem Herzbergwerk?

Alle meine Metalle
Zersetzen sich in der Erinnerung
Der reine Phosphor tobt sich aus
In meinem Gemüt

Vom schwingenden Achat an meinem Finger
Erwarte ich die Hilfe der Gestirne

Irrsal

In den Gärten von Gips
In Morästen von Brom
Wandern die Sterbenden auf elenden Stelzen
Und schwanken Gebeinen

Feuer wedelt noch im südöstlichen Kopf
Eine adlige Blume friert
Im berstenden Brustkorb

Wer hört die Vögel in den Schläfen?
Den Eidechs in den müden Füßen?

Die eilig Lebenden und langsam Sterbenden
Wie sie noch klettern
Am Seile unwirklichen Schlafs!

Nun kommt der Winter dieser hohen Nacht
Der weiße Aether windet die Krone
Um ihr zitterndes Haar

Greise

Euer nelkenfarbenes Fleisch
Das noch von mageren Vögeln zehrt
Und daran Feuer fängt

Singet langsamer ihr Greise
In dem verwandelten Wind
Und laßt die Sonne bröckeln
Zwischen den Fingern

Der blaugefiederte Schlaf
Hat Totenzähne
Und die Stimme des Kalks

Alasam

Alasam
Die ungeweinte Träne
In der Mulde meines Schädels

Ein Traumkraut wuchs
Nachtgelb mordfahl
Lange lange Menschenalter
Später daraus empor

Einmalige Blume
Unvermerkt von den Bienen

Straße durchs Land

Straße durchs Land
Besät mit Jaspis und mit Diamant
Straße der Armen
Lasso um den Nacken der Besessenen
Woher wohin
Im weißen Turban deines Staubs
Wohin woher
Mein Schatten stürzest du?

Die Kastanienhand

Die Kastanienhand ergriff meine erschrockene Hand
Eine Achtfingerhand voll grüner Schwielen
Und offen jeder Vogelangst
Vor sieben Tagen kaum gebildet noch
Und meine Fünfzigerhand weiß und weich
Ja eine Fleischhand welche viel gemordet und gewürgt
Keimendes Lächeln oder Heckenrosen
Was wollte plötzlich diese Richterhand von ihr?
Und meine Menschenhand erstarrte
Fiel von mir ab

Die inneren Bäume

Die trunkenen
Die todestrunkenen Bäume meiner Jahre
Heiß wachsen sie aus meinem Haupt
Mit Frucht und Wurzel
Mit Händen und mit Sonnen
Behenden und besonnenen Tieren

Im Aug des goldenen Froschs glüht
Das Licht des Saturn
Während auf den Wiesen
Die Kometen blühen

Stunden

Wasserträgerinnen
Hochgeschürzte Töchter
Schreiten schwer herab die Totenstraße
Auf den Köpfen wiegend
Einen Krug voll Zeit
Eine Ernte ungepflückter Tropfen
Die schon reifen auf dem Weg hinab
Wasserfälle Flüsse Tränen Nebel Dampf
Immer geheimere Tropfen immer kargere Zeit
Schattenträgerinnen
Schon vergangen schon verhangen
Ewigkeit

Der heilige Leib

Behausung meiner Ahnen
Dies schwanke Knochenhaus
Auf Sand gebaut

Aus meinen Augen blicken
Sie allen meinen Straßen nach
Und meine Milz ist ihre Garküche
In der sie kochen mit Fett und Blut

In der Ruinennische schläft noch meine Mutter
Am Kehlkopf klebt der Tabakrauch der Greise

Mein heiliger Leib!
Die Opferstiere brüllen tief in mir
Und Rinderlenden duften samstäglich

Mein Mund beherbergt noch
Jahrhundertalte Magie
In meinen Ohren ist ein Lauschen und ein Rauschen
Und kein Gott

Feuerharfe

Brennender Dornbusch
Anbruch innerster Verwandlung

Feuerharfe
Meiner frühen Schmerzen

Gewicht aus Rauch meines Wunschs
Magre Gluten der Revolten

Rosenbrände meiner Dome
Feuerfester Engel dieser Erde

Aschenrabe
Friß die Reste des Vergessens

Vater aller wilden Flammen
Segne deinen Feuersohn

Die Hochöfen des Schmerzes

In den Hochöfen des Schmerzes
Welches Erz wird da geschmolzen
Die Eiterknechte
Die Fieberschwestern
Wissen es nicht

Tagschicht
Nachtschicht allen Fleisches
Blühn die Wunden und die Feuer
Wild in den Salpetergärten
Und den heißen Rosenäckern

Asphodelen meiner Angst
An den Abhängen der Nacht

Ach was braut der Herr der Erze
In den Herzen? Den Schrei
Den Menschenschrei aus dunklem Leib
Der wie ein geweihter Dolch
Unsre Totensonne schlitzt

Morgue

Im Eis des Schlafs
Wurzelbefreit
Wandert der Träumende

Wandert um nimmer
Wiederzukehren
Zum Gasthaus der Erde

Doch im Abgrund seines Fleisches
Ein altes Feuer baumgeboren
Reift ruhig weiter

Das Kohlejahr

Aus meinem Kohlejahr
Schält sich mein Vogelaug
Ganz angepaßt der Rundung einer Nacht
Und blickt und blickt
Ins Herz des Zinns in die Glut des Orion

Kohle mein Trauerhaupt
Steig aus dem Wald des Alterns und des Werdens
Es öffnet sich die Schläfe von Gestein
Im Gletscher eines Diamants
Erglühn die sieben Prismen meines Bluts

Rosentum

Mondrose
Die in Tierköpfen brennt
Hirnrose
Aus Schädeln geschält
O jähes Rosentum

Solang das Rad der Rose
Schwingt und schwingt
Die Mittagsroserei
In Äckern fiebert
Bohrt sich das Rosenaug
In meinen wachen Schlaf

Doch wehe wenn die Unrose
Aus den Metallen steigt
Und meine Rosenhand sich hebt
Gegen die Sonnenrose
Und die Sandrose welkt

O Rose Rose der Rosen
Die nur dem Rosenlosen loht

Erde

Wirf dich an die Erde
Hör den Pferdehuf im Herzen

Klopfe an die Erde
Blutangst springt dir ins Gehirn

Grab die Erde
Trüffelfäulnis zeigt dir ihr Geschlecht

Küß die Erde
Und Gewürm füllt Hände dir und Mund

Hiob

I

Mondaxt
Sink in mein Mark

Daß meine Zeder
Morgen den Weg versperre
Den feurigen Pferden

Alte Löwen meines Bluts
Rufen umsonst nach Gazellen
Es morschen in meinem Kopf
Wurmstichige Knochen

Phosphoreszent
Hängt mir im Brustkorb
Das fremde Herz

II

Verzehre mich, greiser Kalk
Zerlauge mich, junges Salz
Tod ist Freude

Und nährt mich noch der Fisch
Des Toten Meeres
Leuchtend von Jod

In meinen Geschwüren
Pfleg ich die Rosen
Des Todesfrühlings

Siebzig Scheunen verbrannt!
Sieben Söhne verwest!
Größe der Armut!

Letzter Ölbaum
Aus Asiens Wüste
Steht mein Gerippe

Wieso ich noch lebe?
Unsicherer Gott
Dich dir zu beweisen

III

Letzter Ölbaum, sagst du?
Doch goldenes Öl
Enttrieft meinen Zweigen
Die segnen lernten

Im Glashaus meiner Augen
Reift die tropische Sonne

Mein Wurzelfuß ist in Marmor gerammt

Höre Israel
Ich bin der Zehnbrotebaum
Ich bin das Feuerbuch
Mit den brennenden Buchstaben

Ich bin der dreiarmige Leuchter
Von wissenden Vögeln bewohnt
Mit dem siebenfarbenen Blick

Süd

Südwind rüttelt an meinen Wirbeln
Eine Tür in meiner Brust springt auf
Aber welche ist's von allen Türen
Sag welche ist's durch die ich mir entflieh?

Süd brüderlicher Süd
Wisch weg von meiner Stirn die Frage
Schmelze den Einsamen los
Aus den schmerzenden Gletschern

Ozeanlied

Schwesternwelle im grünen Haar
Salzwelle die nie sich versäult und versäumt
Daß von euch Tausenden nur eine
Den Schicksalsarm um mich rundete
Nur eine das Haupt mir tragen hülfe
Und wir zusammen niedertaumelten
Die todlose Treppe
Des Zeit-Ozeans
Dem Pole des Gehorsams zu

Schnee-Masken

Es hat der Schnee über Nacht
Meine Totenmaske gemacht

Weiß war das Lachen des Schnees
Und meinen Schatten verwandelt
Er in ein Fastnachtsgewand

Ein Sturm von goldnen Triangeln
Hat plötzlich die tönende Stadt
Gehoben aus all ihren Angeln

Im tausendjährigen Licht
Wurden die Türme der Zeit
Von ihren Ankern befreit

Der Schnee hat über Nacht
Mein Traumgesicht wahrgemacht

In den Äckern des Kampfers

In den Äckern des Kampfers bist du daheim
In den Sümpfen des Jods trinkst du dich endlich jung
Die braunen Schnäpse der Wurzeln
Nähren dich besser als die Krüge der Sonne

Eine Fackel loht und torkelt im Öl deiner Augen
Ein Feuer musiziert mit Flöte und Tamtam:
Gebein der Ahnen tanzt zum Fest der Verwesung

Die gelbe adelige Blume
Die alle tausend Jahre einmal blüht
Windet sich langsam aus deinem Brustkorb

Die Sonnen-Kantate

Es tanzt der vielarmige Gott für uns
Es denkt das feuerhaarige Haupt und singt
  Lichtpauke tönt und Meeresharfe
  Ihn zu begrüßen den Wunderbaren

Von welchem Feuerbaume bist du gerollt
O Frucht die ihren eigenen Kern verzehrt
  Und die ich brennend noch vom Phosphor
  In die unwissenden Hände nehme

Die Nuß in deren Schale der Ursinn wohnt
Die nackte Nuß vom eigenen Genuß betört
  Sich immer wieder selbst gebärend
  Irres Gesetz ihrer Selbstanbetung

Noch ungeborne Sonnen des Kohleschachts
Und schon verbrauchte Sonnen des Abendrauchs
  Bouquets von blauen Sonnen bind ich
  Nächte euch blinderen unaufhörlich

Den Mittag sägt das Zahnrad der Ungeduld
Der Sonnenblume stehender Schlaf erschlafft
  Uns fallen Mandeln aus den Augen
  Pfirsiche springen wie Meteore

O Sonne! Werde grausam mit deinem Korn!
Leg deine Todeseier in unser Ohr!
  Auf daß aus jeder Schädelspalte
  Kupfern die Blume des Wahnsinns blühe!

Im Sonnenkopfe altert die gelbe Zeit
Die Zeit die sich verdenkt und vergißt! Die Zeit
  Des Sturzbachs und des faulen Teiches
  Fallender Monde in blinden Himmeln

Eisvogel Zeit im Sonnengedächtnis! Sing
Die ungeliebten Frühlinge: Sing das Herz
  Das seit Jahrtausenden verschüttet
  Aus den Rubinen des Bergs dich anruft!

Drei Oden an Claire

I

Tief hängt die Regenwolke in deinen Traum
Die Früchte der Verheißung sind überreif
Im Spinnweb deines Angesichts
Faulen die Sterne der Auferstehung

Daß auch der Venus heiliges Haupt im Gras
Vermoosen soll, das ähnlichste dir, und schon
Vom herbstlichen Gefühl bereift
Blinder Vergessenheit karge Wohnung

Ich halte deinen Kopf mit der Eierstirn
Durch die dein Hirn im Phosphorgespräch mir scheint
Wie eine fleischfressende Rose
Rollest, o rollest du mir von dannen

II

Leg an mein Ohr dein silbernes Muschelohr
Und sag kein Wort: ich höre was du verschweigst
Und was du selber nie geahnt hast
Rollende Brandung der Leidenschaften

Es klingt aus dir der manische Ozean
Es ruft aus dir der Gott mit dem dunklen Mund
Der voller Drohung ist und Anklang

Wenn eine rote Geige aufschluchzt in deinem Fest
Bild ich mir ein, ich führte den Bogen
Jedoch von selber schwingt dein Körper
Nicht ich war der Künstler, nicht ich

III

In deinem Aug sind unsre Paläste schon
Vom Salz verzehrt, ist bröckelndes Leuchtergold
Von alten Fischen angefressen:
Unerkannt steh ich vor seinen Ufern!

Und seh dich im smaragdenen Geisterschiff
Verführt vom eigenwilligen Jupiter
Mir ohne Warnung weggetragen
Dieweil dein Mund voller Sehnsucht tönet

Von deinen innern Spiegeln schon ganz betört
Wie tausendfach durchschauertes Bergkristall
Hat sich dein Wahrsein ganz entkleidet:
Deine opalene Seele strahlt mir!

An Claire-Liliane

Geliebte du mein Stern
An deinem rechten Ufer steht das Vergangene
An deinem linken Ufer steht das Werdende
Zusammenströmend singen wir die Gegenwart

Sie sehen uns nach, die Bäume der Verwesung
Sie fliegen uns voraus, die Vögel der Erlösung

In deinem rechten Auge bin ich Diamant
In meinem linken Auge bist du Samt

Die Sonne rollt von deiner rechten Schulter
Der Mond verwest in meiner linken Hand

Geliebte ich dein Strom
Zusammenfließend schweigen wir die Gegenwart

Dein Kopf aus Knochen aus Wolken aus Feuer
Ich nehm ihn oft in meine schweren Hände
Ich kann ihn schütteln, ich kann ihn drehen.
Ich höre drinnen Wasserfälle stürzen, Welten gären

O mein erhabener Kopf!
Diese Saphirsterne! Auf- und untergehend!
Wie quäl ich diesen Kopf! Ich fülle ihn mit Tränen!
Ich laß ihn wehrlos altern!
Und denke nie: hier drinnen waltet Gott!

Deine linke Hand ist eine Blumendolde
Deine rechte eine Knochenblume!
Beide segnen mich, beide nähren mich
Mit dem Blut der Vögel, mit dem Fleisch der Götter.
Deine Hände lächeln, trauern, schwirren,
Steigen auf und ab wie Schalen einer Waage
Und kaum wende ich den Blick von einer zur andern
Bin ich schon ein Greis geworden

Belauscher deines Schlafs
Hör ich die blinde Pianistin
Auf deinen Rippen spielen
Hör ich die schwarzen Wellen der Nacht
An deiner zarten Brüstung branden
Das Tier der Angst durch deine Büsche stampfen
Und Brücken über deinem Blutstrom bersten
Belauscher deines Schlafs
Zähl ich die Pulse meiner Zeit

Du mit den Zeisigaugen, mit den Veilchenaugen
Wie soll ich nur deine Gedanken deuten?
Aus deinem Munde spricht die Quelle
Durch deine Adern wandert
Dein uferloses Volk
Es schmausen Könige an deiner Tafel
Und ihre Weisheit macht dich blaß und blasser

Aber die rosa Mandelbäumchen
Sie wachsen aus dem Herzen dir
Und deine Lerchen- deine Himbeeraugen zwitschern

Liebender zu sein, ach, wer erfaßt es
Klarer als mit erblindetem Aug!
Liebender zu sein und aller Entscheidung
Beraubt und allen Gerichten
Längst entrückt!

Die sinnlose Herrschaft der Berge
Ist abgeschafft und auch des Enzians
Treuloses Blau. Die Sonne geht irr
Es wütet umsonst die kinderlose Mitternacht.

Denn Liebender zu sein
Und wissender Bote
Ist höchster Adel

Wieviele Morgensonnen haben ihr Ebenbild
In unserem Vieraug erschaut!
Und des Tages Gestaltung stand unsrer Willkür anheim.

Der reinen Erfindung der Liebe
Verdankte der Tau seine Dauer

Und wo Taifune an Urwaldgetier sich mästeten
Und ihre langen gelben Flügel
Um schwankende Inseln warfen

Selbst da hielt unser lebend Liebesdenkmal stand
Löste dein Lächeln Geliebte
Die dunkelsten Rätsel auf

Mit Atem besiegte ich dich: Du Ahnungslose
Mit Atem trieb ich die Halme deines Roggenhaars hoch
Mit Atem blies ich aufs Feuer deiner Ängste
Du glaubtest noch an die Macht des Sturms
Und nicht an die Macht des Manns

Mit meinem Atem vertrieb ich die Engel
Die dich heimsuchten
In der Wolke meines abendlichen Atems
Trieben wir von allen Ufern fort

Ich höre steigen aus dir den frierenden Vogel des Morgens,
Den heiseren, aus den gütigen Öfen des Schlafes
Geliebte, mein Feuer!

Ich höre fallen aus dir die dunkle Sprache des Mittags,
Den ernsten, gereiften Granat der langen weiseren Duldung,
Erde, meine Geliebte!

Ich höre rufen in dir das goldene Tierhorn das Abends,
Die tiefbegründete Angst vor der ungewissen Vollendung,
Meine Geliebte, die Luft!

Ich höre rauschen durch dich die alten Meere der Mitternacht
Und drohende Magie des nimmer erlahmenden Atems,
Wasser, meine Geliebte!

Die Himmelfahrt

Wie die Lerche stürzte ich kopfüber
In die Kuppeln deiner Augen
Um im Azur mein Ur zu finden

Ich sang um dich zu entführen
Aus dem Halbschlaf der Ahnen und Toten

Unsterblich wandeltest du
An Schloßruinen des Mondes entlang
Und meine dunkle Harfe erreichte dich nicht

Unmerklich drehte sich dein Kopf gen Osten

Nie fand ich den Weg zurück zu heimischen Gärten

An Claire

Geschrieben im Spital des Todes,
Dezember 1949 bis Januar 1950

Hab ich dich gepflückt in den Gärten von Ephesus
Das krause Haar deiner Nelken
Den Abendstrauß der Hände?

Hab ich dich gefischt in den Seen des Traums
Ich warf dir mein Herz zur Speisung
Ein Angler an deinen Weidenufern

Hab ich dich gefunden in der Dürre der Wüste
Du warst mein letzter Baum
Du warst die letzte Frucht meiner Seele

Von deinem Schlaf nun umfangen bin ich
In deine Ruhe tief gebettet
Wie der Mandelkern in nachtbraune Schale

Es spricht sich die Sage herum
Daß deine Füße zum Fischschwanz werden
Wenn du nach Meerfrüchten für mich tauchst

Die Kinder flüstern schon
Daß deine Arme Weidenzweige sind
In denen sich die Wolken verfangen
In die du mich bettest

Es ist kein Geheimnis mehr
Daß deine Lippen bluten
Um mich in den Nächten des Sterbens
Vom schneeigen Hunger zu retten

Bald wird man wissen daß dein Körper gehöhlt ist
Ein duftendes Grab
Für unseren Zwillingstod

Aus meinen Knochen trinke das Kiefernmark
Aus meinen Augen schlage die Austernperle
Belege mit Perlmutterplatten
Unsrer Erinnerung Traumschiff

Im Gottesacker blüht meine Asterhand
Der Staubgefäße reifende Liebesschrift
Verstreue ihre Samenkörner
Säe im Nachtraum dein neues Sternbild

Im Diadem der mondenen Zauberin
Dreizehntes Bild des rasenden Zodiaks
Erstrahlt die Blume des Totenfeldes
Glühende Lilie meines Herzens

In deinem Haupte streichle ich das Feuer das mich sengt
In deiner zauberischen Stirneninschrift
Entziffere ich die Rätsel meiner Einsamkeit

In den verhaltenen Fluten deiner Aquamarine
Nahm ich ein hundertjährig Bad der Tiefe
Und verlor mein eigenes Schwergewicht

Geliebte wenn wir einmal untergehen
Zerfallen die Ruinen unsres seligen Turms und unsre Engel
Verlieren die Flügel beim Sturz in den Abgrund

Aus Gräbern steigt aus Schattengenist das Ei
Der Vogelsonne nach der verstaubten Nacht
Und deine diamantene Stimme
Wirft sich im Flugsturz um meine Seele

Aus unsrem zwiegewundenen Rosenstock
Der schwarzen Winterwinde noch kaum entkeimt
Erstrahlt die einmalige Rose
Unserer Körper erlauchter Blutkuß

Erlöse uns, orangener Tagplanet!
Uns zu erkennen haben drei Augen wir
Wie jene Götter fremder Tempel
Denen die Liebe Vollendung brachte

Deine Trauerampel Geliebte
Scheint durch alle Fernen zu mir
Wie die geröteten Augen
Der tiefergriffenen Sterne

Ich trank die Becher entscheidender Weine
Während ich einsam war
Und deinem Weinberg entrückt

Wie kommt's daß die Sonne goldner rauscht
Wenn ich die Augen schließe
Und daß dein Blut gewaltiger in mir pulst
Wenn du Entrissene
Nur noch mit Nebelarmen mich mahnst?

Wer immer dir begegnet, merke den Ernst der Nächte
Die mit wilden Flügeln bewaffnet
Das leere Heim der Einsamen heimsuchen

Merke, daß du liebst und blutest
Schwankend vergehst wie die Kelche
Der Rosen am Marterweg

Daß von deiner Schulter entströmt das Unträumbare
Das Unsinnbare eines großen Wissens
Und was auch immer die Engel vermögen

Sie spenden die Ruhe solcher Erfahrung nicht
Du bist das Sternbild das immer wieder sich bildet
Du bist das Löwenfell in das sich die Sonne kleidet

Betraure zu tief nicht den Totenfalter
Laß die frostbedrohten Pfirsiche meiner Träume
In deinem Sommeratem weiterreifen

Ich war der Fragende und du die Magierin
Auf dem Dreistuhl der Zeit

Ich brachte dir mein Traumtier zum Opfer
Du gabst mir zurück den Rauch der Erinnerung

Es war ein Hirsch geritzt in deine Stirn
Aus deinen grünen Schluchten vernahm ich

Den niegehörten Gesang
Wozu drang ich hinab in deine Feuerberge?

Ich habe längst vergessen, was ich heischte:
Die Liebe oder die Erkenntnis

Fremd ist mir meines Haupthaars rostige Wolle
Und feindlich fast des Muskels Gehorsam im Arm

Doch wie bekannt und hingegeben
Die Wendung deines nahen Halses
Mir zugehörig auch
Der Pfeil der Zugvögel
In deinem wolkigen Aug
Wie zielbewußt in meine berstende Stirn gesendet
Mich meines wogenden Blutes beraubend

Wie meinen Händen eingefühlt
Die zarte Neigung deines Rückgrats
Deine kaum sichtbaren Flügel
Gefügt aus den Schwingen zerbrochener Vögel
Und dein Körper geknetet aus Schnee

Die Angst-Tänzerin

Die Angst deiner Hände ist leicht wie der Rauch über Äckern
Du bist gefangen im Dornturm
Du schwebst durch die Mauern hindurch und gelangst doch nimmer zu mir

Die Angst deiner Haare ist gelb wie der Schein vergehender Kerzen
Die Angst deiner Stimme ist undurchdringlich wie Nebel
Du wirfst dich an meine Brust und dennoch spür ich dich nicht

Du bist eine Angst-Tänzerin als Herbstzeitlose verkleidet
Im Kreise von roten Kriegern beschwingt dich Knochenmusik
Doch nimmer sprengst du den Kreis und nimmer schwebst du zu mir

Was flüstert in deinem Kopf? Wen nennst du deinen Bedränger?
Nie schwelte so trügerisch das rötliche Grün deiner Augen
Als im Gespräch mit dem waffenglitzernden Feind

Die Angst ist das glühende Wollkleid das blaue das ich dir gekauft
Es umfängt dich und läßt dich nicht her bis zu mir
Du brennst in seinem Geweb und dein Ruf ist ein klagender Vogel

Der Regenpalast

Ich hab dir einen Regenpalast erbaut
Aus Alabastersäulen und Bergkristall
  Daß du in tausend Spiegeln
  Immer schön dich für mich wandelst

Die Wasserpalme nährt uns mit grauem Most
Aus hohen Krügen trinken wir silbernen Wein
  Welch ein perlmutternes Konzert!
  Trunkne Libelle im Regenurwald!

Im Käfig der Lianen ersehnst du mich
Die Zauberbienen saugen das Regenblut
  Aus deinen blauen Augenkelchen
  Singende Reiher sind deine Wächter

Aus Regenfenstern blicken wir wie die Zeit
Mit Regenfahnen über das Meer hinweht
  Und mit dem Schlachtheer fremder Stürme
  Elend in alten Morästen endet

Mit Regendiamanten bekleid ich dich
Heimlicher Maharadscha des Regenreichs
  Des Wert und Recht gewogen wird
  Nach den gesegneten Regenjahren

Du aber strickst mir verstohlen im Perlensaal
Durchwirkt von Hanf und Träne ein Regentuch
  Ein Leichentuch breit für uns beide
  Bis in die Ewigkeit warm und haltbar

Das Wüstenhaupt

Ich baute mir dein Haupt über der Wüste des täglichen Todes
Zahllose Sklaven brannten die Ziegel deiner Gestalt
Aus dem Blut des Sonnenaufgangs
Auf Regenleitern stiegen Maurer in deine Augen
Legten die Kuppeln aus mit dem Goldstaub der Sterne
Und die Pupillen mit Kohol und Smaragd
Diese schwebten wie die ewige Waage
Auf der sich Sonne und Mond messen

Bald stieg aus dem Tor deines granitenen Mundes
Der wahr- und irrsprach
Die Zauberlehre deines alten Volkes

Ich glaubte dein Herz für immer geborgen
In der tiefsten Wohnung der Wüste
Dein Seherinnenauge die Zeit überstrahlend

Doch ach wie bald erblindetest du
Im Sandwind und Nebel der Geister
Die Ziegel verwesten schneller als alles Fleisch
Die Karawanen die am Salzsee deiner Augen lagerten
Erkannten dein verwehendes Haupt nicht mehr
Und deiner bröckelnden Lippen Gesang
Verschallte im blauen Gewölbe des Mondes

Tochter der Tiefe

Du Tochter der Tiefe, wie halt ich dich im Glashaus des
Mondes
Wie verbind ich dein magisches Aug mit den Wolken des
schnellen Vergessens
Wie gewöhn ich dich an die Rundheit der Erde?

Vom Neumond Besessene
Wie bändige ich dein Binnenmeer
Das über die Ufer des Menschlichen wogt?
Wie fang ich die Feuerfische in meinen ungläubigen Netzen?

Und wenn der Vollmond dich schwängert mit Samen des
Mohns
Wie kühl ich das Fieber der schlaflosen Berge
Wie blend ich ab die Todesstrahlen deiner Rubine?

Ach nur im abnehmenden Mond
Da magern die Flüsse ab und erlischt
Das Ginster-Irrlicht deiner Augen
Dein rauher Ruf wie der der heiligen Tiere
Ergibt sich meinem jagenden Herzen

Die Aschenhütte

Wir hatten kein Haus wie die andern an sicherem Berghang
Wir mußten immer weiterwandern
Im Schnee der weder Salz noch Zucker war
An runden Kegeln des Mondes entlang

Du riefst nach deinen Schutzvögeln
Die hoch im Äther zu den Gräbern Afrikas flogen
Die Straße des Vergessens machte große Schleifen
Und keine blasse Blume sann am Weg

Gen Mitternacht fand sich eine Aschenhütte
Man hörte das lachende Bellen der Wölfe
Mit Fackeln hielt ich sie fern
Und fing im Nesselbach einen Ölfisch
Der uns lange erwärmte
Breit war das Bett aus geschnitztem Schnee

Und da geschah das Wunder:
Dein goldener Leib erstrahlte als nächtliche Sonne

Der Salzsee

Der Mond leckt wie ein Wintertier das Salz deiner Hände,
Doch schäumt dein Haar violett wie ein Fliederbusch,
In dem das erfahrene Käuzchen ruft.

Da steht für uns erbaut die gesuchte Traumstadt,
In der die Straßen alle schwarz und weiß sind.
Du gehst im Glitzerschnee der Verheißung,
Mir sind gelegt die Schienen der dunklen Vernunft.

Die Häuser sind mit Kreide gegen den Himmel gezeichnet
Und ihre Türen bleigegossen;
Nur oben unter Giebeln wachsen gelbe Kerzen
Wie Nägel zu zahllosen Särgen.

Doch bald gelangen wir hinaus zum Salzsee.
Da lauern uns die langgeschnäbelten Eisvögel auf,
Die ich die ganze Nacht mit nackten Händen bekämpfe,
Bevor uns ihre warmen Daunen zum Lager dienen

Der Staubbaum

Ein Staubbaum wächst
Ein Staubwald überall wo wir gegangen
Und diese Staubhand weh! rühr sie nicht an!

Rings um uns steigen Türme des Vergessens
Türme die nach innen fallen
Aber noch bestrahlt von deinem orangenen Licht!
Ein Staubvogel fliegt auf

Die Sage unsrer Liebe laß ich in Quarz verwahren
Das Gold unsrer Träume in einer Wüste vergraben
Der Staubwald wird immer dunkler
Weh! Rühr diese Staubrose nicht an!

Die Antirose

Yvan an Claire

Ich bin geliebt

Ihr seht mein blasses Gesicht,
Oft von Zweifel zerfressen
Und nicht immer rasiert,
Fremde Gäste des Ungefähr
Und des Autobus:

Wer aber ahnt, wie unterm Ulster
Quellen des Glücks meine Adern durchrauschen,
Wie unterm flüchtigen Schlapphut
Unsichtbar meine Krone leuchtet?
Ich bin ein heimlicher Prinz,
Und reise unbekannt durch den Alltag:
Ich herrsche über das blonde Reich
Einer hohen Geliebten:
Vom Atlas ihrer Schultern bis zum Delta Rosa
Gehorchen mir die fünf Stämme ihrer Sinne,
Die Flüsse ihrer Adern treiben meiner Seele Kraft,
Die Kolonien ihrer Träume sind mir untertan
Und ihrer Augen Teleskope
Enthüllen mir unentdeckte Gestirne.

Ihr wißt es nicht, blinde Passanten,
Ich bin geliebt!

Trauriger Odysseus

Auf Deiner Augen Hemisphären
Bereise ich die Welt
Ein trauriger Odysseus
Dem Wind jeder gelinden Sehnsucht,
Dem Schatten jedes Zornes pflichtig.

Dein Mund mit seinen Trauern
Und unterirdischem Lächeln
Diktiert mir meine schönsten Qualen
Von deinem Atem leicht
Sind meine Lieder

Und nur in deiner Hand
Sind meines Lebens Sterne eingezeichnet – –
Ein langer oder kurzer Weg?
Der Tag, an dem sie welkt,
Bricht auch mein Schicksal ab.

Funkspruch

Wenn Du mich rufst, unhörbar, mit der Seele:
Ich spür es über alle Meere!
Es trifft mich wie ein göttlicher Funkspruch,
Die Vögel schreiben es in den Zenit,
Der Regen morst es an mein Fenster,
Die Bäume rauschen es in den Parks:
Ich breche die Geschäfte ab,
Die Dichterbörse schließt,
Die Sonne fällt,
Ich komme.

Dein Zauber

Wenn ich mit dir vorübergeh
Erlebt die ärmste nordgewandte Straße
Auch einmal eine Morgenröte!
Die Fenster sind aus Gold gegossen,
Die Pflanzen auf den Bildern blühn,
Die Heringe der Spezerein erglänzen wie Juwelen.

Doch komme ich allein,
Da blättert aller Glanz wie Tünche von der Erde,
Die Straßen werden alt und kalt,
Die Heringe sind nur geräuchert,
Ich bin ein Fremder der verschloßnen Türen,
Ein Schatten unter Schatten
Regengrau.

Weltweh

Um Mitternacht
Ward mir so plötzlich weh
Weltweh
Sternweh

Ozonstaub
Bittert meine Lippe
Oder fiel auf mein Herz
Eine Träne von dir?

Du sollst mich nie am Tage sehn . . .

Ich weiß: als nächtlicher Ritter,
Klirrend von Sternen,
Sturmvögel auf dem Helm,
So brech ich oft in deine Kammer
Und Rosen brennen mir ums Haupt.

Die Felder duften in meinem Atem,
Die Bäume rauschen um meine Schultern
Und Elektrizität der Städte
Gewittert in meinen Augen.

Die Liebe ist dein Traum.
Du sollst mich deshalb nie am Tage sehn
In meinem Cheviotanzug
Und schon die Haare an den Schläfen dünn.

Deine Mädchenstimme

Wir standen hinter den tausend Mauern
Der tiefgestuften Stadt:

Kein Hammer könnte sie stürzen
Kein Dynamit sie sprengen
Kein Gesetz sie öffnen
Keine Wahrheit sie lichten:

Da erklang deine Mädchenstimme
Und machte uns frei

Rückkehr ins All

Täglich bröckelt
ein Stück von mir ab:
Stunde um Stunde
Haar um Haar
Kuß um Kuß
Fallen zurück ins Unendliche:

Nur meine Augen altern nicht
Geliebte
Solange dein Licht sie bestrahlt

Gib mir die Hand

Gib mir die Hand
Und spring und lache
Schnell vor dem Tod

Die Erdenstraße hinab
Sind Männer schon geboren
Fahren die Wagen mit dunklem Schutt
Zu füllen unsre Gräber

Wir wehren uns umsonst
Wir schließen umsonst
Die Türen und Herzen

Bald düngen unsre Leiber
Die grüne Wiese
Für neue Tänze

Nach dem Ekklesiast

I. Fassung

Dein Haar ist die große Feuersbrunst des Jahrhunderts.
Deine Stirn die Leinwand, hinter der geheimnisvolle Filme laufen.
Deine Augen zwei Diamanten aus den Augenhöhlen der Sphinx.
Deine Nase ein Eiffelturm, rosa gestrichen.
Deiner Lippen Zwillingsbarke tanzt auf dem Roten Meer.
Deine Zähne sind regelmäßiger als die Tasten des Klaviers.
Wenn du sprichst, blühen Akazien
Und lächeln zehn Bäche zugleich,
Wenn du schreitest,
Wiegt sich die ganze Erde.

Ich denke nur an dich

Stehend
Sitzend
um 3 Uhr
um 15 Uhr
Abendblatt
Morgentraum
gegen
und für
nüchtern
und betrunken
gestern
morgen
ich denke nur an dich

Ich lebe nicht, ich liebe

Aus allen Poren strömt mir die Liebe
Meine Muskeln sind gespeist von deiner Liebe.
Ich habe nur rote Blutkörperchen vor lauter Liebe.
Mein Haar ist gelockt von der Liebe.
In allen Zungen singe ich, daß ich dich liebe.
Tanzen muß ich immer aus Liebe.
Bin ich krank vor Liebe?
Oder gesund aus Liebe?
Ich lebe nicht, ich liebe.
Ich kann nicht sterben, weil ich dich liebe.

Ringkämpfer mit dem Selbst

Mond, der du alle Quellen zu Geliebten hast
Und von Akazienduft dich tränkst,
Der du die Steine weinen machst
Und mit dem spöttischen Wind
Der Göttin Schleier lüftest:
Warum bin ich so dunkel
Und blind unterm Gewölb des Regenbogens
Und taub für die Motette des Bachs?
Ich will meinen Kopf an den Felsen zerschmettern,
Ich will mir die Augen eindrücken,
Ringkämpfer mit dem Selbst,
Damit ich nicht mehr sehen kann
Was Sie nicht liebt.

Wozu noch Sommer?

Wenn Du so traurig bist
Soll's nur November auf der Erde sein
Der kranke Mond soll sterben
Die Nacht mit ihren Klagebäumen
Zerreißen den Vorhang des Himmels:
Ich brauche Hunde mit jammernden Stimmen
Ich brauch verregnete bröckelnde Mauern
Vor denen selbst der Schatten sich fürchtet

Denn unerträglich wäre der Gedanke
Daß zarte Rosen noch irgendwo blühen
Daß Bäche übermütig wie Knaben
Von moosigen Hängen springen
Daß Schwalben sich freuen
Daß Sterne noch leuchten – –
Wo dir das Lächeln aus dem Antlitz fiel.

Alles umsonst

Die Tage
Die Sterne die Blumen
Die Bettler die Katzen die Wolken
Die Vorstadtvillen
Und die Radfahrer
Sie wissen alle nicht daß du mich
Nicht mehr liebst
Sie eilen
Sie essen
Sie singen
Und alles ist doch umsonst

Äonenweit

Nur durch eine Wand getrennt
Wie äonenweit
Bist du schon von mir

Eine Wand: Tapetenblumen
Bittrer Mörtel
Steinstille
Seellos Holz
Scheiden unsre Welten:

Bist du mir verloren schon
Tief in Nacht?
Einen halben Meter fern
Schlägt dein Herz:
Ach ich hör's nicht mehr!
Und ich hör doch draußen
Klopfen den Puls der Kassiopeia!

Nimm dich in acht!

Nimm Dich in acht!
Der Karpfen trauriges Maul
In der Fischhandlung wird dich verraten!
Der Frühling deines Tüllhuts
Und deine Goldkäferschuh
Lassen es viel zu sehr merken!
Jeder geübte Chiromant liest's
In den Zeichen deiner Hand,
Die Welt kann's nicht mehr verschweigen
Wie untreu du mir bist:
In jedem Spalt der Zeitung steht es,
An alle Litfaßsäulen ist es angeschlagen,
Die Operntenöre singen es jeden Abend – – –
Daß die Frauen betrügen – –
Nimm dich in acht
Und stich dir lieber selbst die Augen aus,
Bevor du vor mich trittst
Und du sie niederschlagen müßtest.

Regen überflute Europa!

Nie wieder Frühling!
Regen überflute Europa!
Die erloschenen Vulkane sollen sich wieder öffnen
Wie böse Abszesse im Fleisch der Äcker!
Die Heilquellen sollen zu ätzenden Säuren werden
Und alle Fruchtbäume aussterben!
Es darf keine treue Frau auf Erden mehr wandeln,
Kein Sohn soll seiner Mutter mehr trauen!
Schiffbrüche, Erdbeben, Morde, Revolten,
Eine Epidemie des Schmerzes
Komme über die Welt:
Warum soll ich allein so elend sein!

Besitzer unbekannt

Oft in der Nacht kracht mein gestorbenes Herz
Wie ein antiker Schrank,
Der von der Kirschbaumjugend träumt,

Da reck ich wieder meine braunen Äste,
Und spreize meine Blätterhände
Und schaukle unter einem Vogellied.

Ich überschatte diese Wiese,
Ich streichle dich mit blauen Schatten
Und werfe dir mein ganzes Blut
In roten Kirschen zu.

Tags steh ich da mit zugeschlossenen Wimpern
Wie ein verlassenes Villenhaus am Meer,
Dessen Besitzer unbekannt.

Der Andre

Wenn Dich der Andre in die Oper führt,
Als wär's sein violettes Nachtschloß,
Ich aber friere im Schnee eurer Spur
Unter den Sternen, die euch entflammten:
Erfind ich einen Tod dir
So groß wie meine Eifersucht
Und größer als Paris!
Ich will den Opernplatz unterminieren,
Eure Musik mit Dynamit zersprengen,
Dein rosa Kopf soll in den Himmel fliegen,
Indes die Katzen von Montmartre
Dein Herz austrinken.

Mein königliches Leid

Nie wieder werd ich arm und einsam sein
Ich hab mein Leid, mein königliches Leid
Bäume voll trauerumflortem Laub
Rotbehandschuhte Freunde des Leids
Ich bin ein Mosaik aus Leid
Nichts tu ich ohne Leid
Ich esse es
Ich lache es
Ich rauche es
Ich schreibe es
Ich spuck es aus
Ich liebe es
Weil es von dir geschenkt

Das Negativ

Sobald du schläfst
Entwickle ich im Mondwasser
Die dunklen Filme deiner Pupillen,
Und umgekehrt rollt sich der Tag zurück.
Da seh ich auf der Nachtleinwand
In grellen Großaufnahmen
Die hundert Gesichter
Deines zu schönen Geliebten.
Die vielen Formen eurer Küsse,
Euren schwarz-weißen Verrat,
Und lebe zornig, was ihr nur noch träumt . . .

Aber ich werde dich nicht erwürgen:
Ich will dich sterben sehn zu jeder Stunde des Tags

Seit ich dich nicht mehr liebe

Seit ich dich nicht mehr liebe, liebe ich dich
Ich reiße alle Rosen in Fetzen
Ich reiße mir die Haare der Erde aus
Unaufhörlich schreib ich deinen Namen
Und zerkratz ihn mit meinen Nägeln

Kein Aug mehr zu haben um zu weinen
Keinen Gott mehr um sich zu beklagen!
Hört die Stille schrein am Ende der Nacht . . .
Der Säbel eines Kometen
Hat mich durchbohrt:
Ich lebe mit zerschlitztem Herzen.

Ängste dich nicht

Ängste dich nicht
Wenn rot der Himmel über den Häusern loht
Es ist kein Brand für städtische Feuerwehr,
Es fährt kein Krieg auf der Blutstraße her,
Es ist kein brünstiger Komet gemeldet –
Schlafe, mein Lieb,
Es ist noch nicht die Morgenröte,
Die sich dort pudert:
Wenn der Himmel so brennt,
Ist's nur der Widerschein
Meines glühenden Herzens.

Zauberlehrlingin

Wenn Du mich ansiehst
Bin ich von einer Wolke des Ruhms umhüllt
Der schönste, der größte, der glücklichste Mann,
Stark wie ein Büffel, stolz wie ein Überseedampfer.

Aber sobald du den Blick abwendest
Bin ich wieder das hinfällige Individuum:
Filzhut, Abendessen zu vier Francs fünfzig.

Schatten zwischen den Schatten,
Den die Jahreszeiten
Bis zum nahen Tode jagen.

Schlaf ohne Furcht

Schlaf ohne Furcht:
Ich führe deine Träume
Weiden auf der mondnen Wiese,
Die mit Apfelbäumchen bestickt ist.
Laß grasen dort die Hoffnungszicklein
Am Sternbusch überm Abgrund,
Der ins Leben hin abstürzt,
Wo Räuber und Wölfe lauern . . .
Ahoi! Ein Ruf von mir:
Und unsere Liebe findet
Zur sicheren Lichtung zurück,
Mondumrauscht
Hinter dem Dickicht des Schicksals.

Meine rote Kriegerin

Meine rote Kriegerin
Meine Indianerin
Die Schmerzensfalte
Tätowiert in stolzer Stirn
Meine rote Kriegerin
Mit der Sanftheit der Taube
Und der Wildheit der Löwin

Hüte dich vor dem Abendrot
Das schwer sein könnte
Von einem Tropfen Blut
Schlaf nicht allein
Auf dem Kopfkissen
Aus tödlichen Gewürzen
Laß mich teilen die Gefahr

O geh nicht fort!
Verstecke dein Kinderhaupt
Unter meiner Achsel!

Ich erwarte nichts außerhalb deiner Lippen

Nein, ich will nicht sterben
In keinem Himmel fände ich wieder
Das seltene Blau deines Lächelns,
Keine Hölle reproduzierte mir
Das Feuerrot deiner Locken,
Ich erwarte nichts außerhalb deiner Lippen!

Und wenn eines Abends
Das Vorlegschloß des Todes
Sie schließen wollte,
Halt ich einen Kuß zwischen den Lippen bereit,
Der stärker als Melinit
Sie sprengen soll
Und mit ewigem Lächeln zieren!

Dichterberuf

Glückliche Männer tragen Strohhüte
Und pfeifen auf Heiligenscheine
Andre rasen auf dem Motorrad durchs Leben
Um den Erdbeben zu entgehen.
Jener läuft jeden Tag in sein Büro
Und am Sonntag zieht er den schwarzen Rock an
Um sich mit Gott zu unterhalten.
Und ich? Eine Menschenexistenz lang
Seh ich deine Augenlider sich öffnen und schließen
Sich öffnen und schließen.

Jeder Liebende ist blind

Ein Gedicht auf jede deiner Falten,
Ein Gedicht auf die Wolke von Kohlensäure,
Die jeder Kuß deiner Lippen ausatmet.

Und trotzdem weiß ich nichts von den roten Stürmen
Die in den Tunnels deines Wesens grollen,
Nichts von den Schiffbrüchen in deinen Adern,
Nichts von der übersinnlichen Gegenwart
Wenn Gott dich bewohnt.

Unter dem Kalk deines Kopfes,
Den ich weniger kenne als das Matterhorn,
Welche Verzückungen, welche Verbrechen, welche Lieben
Verbergen sich da,
Die ich selbst nach dem Tod nie erben werde.

Wir müssen noch leben

Wir müssen noch leben
Da wir Körper haben
Die sich dem Himmel entgegenrecken.
Wie die schwarze Zypresse
Haben wir die Pflicht
Immer näher hinaufzuwachsen
Zu Gott!

Unmöglich, schwaches Kind, sich zu entziehn
Mag man auch noch so müde sein!
Du, die du Hyazinthen unter den Brüsten trägst,
Du, die die Rosen erkennen
An dieser unheilbaren Traurigkeit,
Die die Gazellen beneiden
Um den schwebenden Tanz deiner Füße...

Ertrag es noch ein wenig
Glücklich zu sein!

Mein Lächeln bröckelt ab

Ich weiß nicht mehr wo meinen Kopf hinlegen
Ach mög er auf die Erde rollen
Ein abgenutzer Gummiball

Mein Lächeln bröckelt ab
Wie die antike Tünche
Auf den Mauern des Mondes

Der Nordwind trocknet in mir
Alle Tränen
Die eine Morgenröte weinen sollte

Im Käfig meines Skeletts
Hat sich mein Herz erhängt
Zwischen der siebten und achten Rippe

Das tiefste Rot der Leidenschaft

Vogel den ich mir aus der Birke holte
Liebe machte aus dir den weisen Berg
Das Orakel der Höhlen die Stimme des Sturms

Knospe die ich vom Busch pflückte
Liebe machte aus dir die Feuerblume
Das vollendetste Rad von Rosenblättern
Das tiefste Rot der Leidenschaft

Kind das ich aus der wildesten Jugend wählte
Du wurdest ernster als das Hirn der Deborah
Größer als die Statuen meiner Vergangenheit

Blättre sie auf die Kamelien

Blättre sie auf die Kamelien
Deiner bleichen Brüste!
Färbe dein Haar je nach den Leidenschaften:
Schwarz für den Sturm,

Rot für die Liebe!
Und trage die passenden Augen
Zu den Halsbändern aus Sternen,
Die dir Göttermillionäre schenken!

Unveränderlich bleibst du für mich.
In einem Tropfen deines Bluts
Züchte ich eine Million deiner Bazillen
Täglich unterm Mikroskop:
Ich stelle ihre Sternenbilder fest.
Zur Nacht singen sie ein Heer von Grillen:
Claire, Claire, Claire, Claire!

Eifersucht

Ah! Warum entfliehst du mir
Untreue in die Länder des Fiebers!
Deine Schritte verschmelzen mit dem Schnee,
Fetzen deiner Seele bluten in den Bäumen.

Welch gieriger Gott kam hier vorbei?
Du brennst!
Hast du einen Stern zu nah gestreift?
Dein Mund schaukelt, wie eine Barke ohne Rückkehr,
Deine Worte finden mich nicht mehr . . .

Ich halte dich ganz,
Feucht, trunken, geöffnet,
Und nichts von dir, nichts,
Gehört mir mehr!

Frau mit den hundert Herzen

Jede Frau ist ein Wiederbeginn
Jede weiße Brust ein höherer Gipfel
Der Vollkommenheit zu
Ich fand im Perlmutt andrer Leiber
Die seltnen Perlen des Nabels
Und reichte sie dir zur Schnur

In den vielfarbigen Wäldern von Haaren
Zähmte ich Kobras und Adler
Führte sie dir vor
Um dich neu zu erobern
Mit den Schreien von tausend verlorenen Nächten
Machte ich für dich dies Gedicht

Warum dich beklagen
Einzige Frau mit den hundert Herzen:
Eva, Juana, Denise,
Das bist du, das bist du, das bist du!

Die siebente Rose

Wo hatte ich alle meine Rosen gelassen?
Die Rosen alle des Morgenrots
Die Rose von Jericho
Die Rose des Windes
Die Rosen von Saadi und Rilke
Die Rosenballerinen von Bagatelle
Die Rosenschiffe von Bagdad?

Ich hatte nur eine ungeöffnete
Rosenknopse in der Tasche
Sie duftete nicht
Sie leuchtete noch zu wenig
Aber mein Herz reift in Eilmärschen heran
Alle meine Sklaven zerpflücken
Die Hügel von Grasse

Die Gärten von Jericho
werden morgen kahl sein
Ich werde bald den roten Talar
Des Liebenden tragen

Rose von Jericho

O Rose von Jericho
Ich fand dich: zusammengeschrumpftes Rätsel
Fötus einer vertrockneten Blume
In der Schublade eines Kolonialwarenhändlers

Ich sah dich: verrostete Rose des Fahrrads
Vom Unglück schwer in einer violetten Orgie von Iris
Alle Lampen der Rosengärten
Waren angezündet auf den Vorgebirgen

Das Öl der Dämmerung verbrennend
Alle Kreise der Vollendung die sich drehen
Das Rad meines Orient-Expreßzugs
Und das Rad dieser Rose mit den vielen Lippen

Du aus Jericho ich sah ich sah
Im Innern deiner verschloßnen Türen: Rose
Im Innern deiner verschloßnen Fleische: Frau
Den schwerfälligen Gott noch trunken von Genie

Aber niemals abfahren

Laß sie abfahren
Die weichen mit Sirenen befrachteten Schiffe
Abfahren die Winde beladen mit Seemöwen

Die großen Winde enden in Regen
Die Seemöwen die den Schiffen folgen
Wollen nichts als die Reste des Festmahls

Aber niemals abfahren auf gierigen Motoren
Sitzen bleiben
Auf dem passiven Felsen

Welch ungeheure betäubende Reise:
Den Puls an deinem Handgelenk spüren
Eine Weltreise um dein Herz antreten

Wenn deine Schönheit vor mir erstrahlt

Wenn deine Schönheit vor mir erstrahlt
Sind meine Ohren taub für den Kriegslärm
Wenn dein Mund sich öffnet
Kann ich keine Blumen mehr pflücken
Wiesen und Früchte lasse ich hungern
Wenn ich deine Hand halte
Aber wenn du deine Dahliengestalt abwendest
Füllen sich meine Augen mit Nebel und Trauer
Ohne dein Licht beugen alle Kleeblumen
Ihre Köpfe und lösen sich auf in Gebet

Und die meiner Einsamkeit anvertrauten Geranien
Mit ihren starken fetten Händen
Und die tausend Herzen der Begonien
Auf dem dunkel gewordenen Fenster
Drehen sich deinem Lichtstrahl entgegen
Du ahnst nicht wie verloren alle Bienen sind
Die die Waben meines Hirns mit Liebeshonig füllten
Wenn deine Abwesenheit alles mit Nebel bedeckt
Mitten in unsrem hochherrschaftlichen Sommer

Die Reise deiner Gedanken

Deine Gedanken zehntausend Pfeilchen aus feurigem Kupfer
Reisen als Eilgut unter der Oberfläche deiner Haut
Dem platten noch unbekannten Pole zu

Ich könnte deine Gedanken wie ein gebieterischer Schäfer
Über steinige Wege führen dem Mondfeld zu
Wo die Funken unserer Erinnerungen wohnen

Aber sie werden ganz allein die Frische der Kresse finden
Die auf meiner Schulter welkt
Und diesen Sternanis

Der zwischen unser beider Augen glänzt
Und aus den vergessenen Provinzen
Das Gefolge verwitweter Engel anzieht

Zwei Liebende auf dem Goldbalkon

Während wir auf dem Goldbalkon der Liebe saßen
Während sieben Dienerinnen deine Haare kämmten
– König und Königin von Babylon –
Gekrönt von der untergehenden Sonne
Über dem Ost-Westfluß aus fleckenlosem Blut
Unter dem hohen Tor der Brooklynbrücke

Während wir auf dem Goldbalkon der Liebe saßen
Fuhren sieben Millionen
Durch die Tunnels des Tartarus
Kamen aus welchen Spiel- und Pandorabüchsen
Sieben Millionen Menschen
Um uns zu grüßen auf der Titelseite der Zeitung:
»ZWEI LIEBENDE AUF DEM GOLDBALKON SITZEND«

Erinnere dich. . .

Erinnere dich des sanften Mooses
Der Samtpfote
Die die Zeit diese unergründliche Katze
Auf dich legte bevor sie dich biß

Und unter dem Schaum des Samtes
Erinnere dich an den passiven Stein
Den Stein von guter Qualität
Der echten Felsen der Vorzeit

Erinnere dich des Wassers
Des grünen Wassers der Quellen
In die du deine Augen warfst
Und tausend Blicke der Erde dir antworteten

Erinnere dich des blauen Wassers
In das du deine Seele warfst
Um sie zu waschen und auszuwringen
Wie es die Wäscherinnen tun

Es war ein Brunnen
Wo der Wald der Wasserkresse
Das Geheimnis barg
Des ersten Blattes seit den Engeln der Schöpfung

Dein Blick

Dein Blick erwartet mich auf dem Grund der Jahrhunderte
Und auf dem Grund der Saphire
Die sich niemals ändern
Dein Blick ist meine Wahrheit
Meine wiedergeborene Quelle aus dem Schlaf der Steine
Und des Fleisches

Dein Blick suchte mich auf dem Grund der Jahrhunderte

Der Mond deiner Brust

Deine Tür war offen und dein Mund so geschlossen

Deine offene Tür und dein geschlossener Mund
Und in der Blässe deines Zimmers
Brannte der Mond deiner aufgehenden Brust
Der neue unsichtbare Mond des Geliebten

O auf deiner Schläfe
Das Gift der Einsamkeit
Ein großer phosphoreszierender Fleck
Die Wunde eines Himmels

Am Ende der Horizonte

Wie keiner ungestraft in die Sonne sieht
Ohne zu erblinden
So verlor ich mein Augenlicht
Weil ich dich zuviel ansah

Und ich verlor das Gleichgewicht,
Vergessen hab ich den Namen Gottes,
Verraten würde ich die Menschheit!

Dein Auge hat den Mond ersetzt,
Unermeßlich und hypnotisch
Belauert es mich die lange Nacht!

Hinter deinen blonden Brüsten
Sind Erde und Himmel verschwunden
Ich bin am Ende der Horizonte . . .

Liebessäufer

Liebessäufer, immer seh ich dich doppelt
Immer wechselnd in deiner Metamorphose
Unter dem Rosenblatt deines Augenlids
Entquillt dem Statuenblick die verwirrende Träne

Bist du vom Geschlecht der Steine
Zärtlich zu dem der dein Bild meißelte
Hart zur Eifersucht des Alters
Dem Willen des Fels, der Liebe der Primeln?

Geistin

I. Fassung

Von deinem Aug erschaut
O Geistin
Werd ich erst wirklich

Ungewesener als Tulpe
War ich bevor dein Augenlicht
Mich aus dem Unsein schälte

Nun hör ich zwitschern ihn
Den Vogel der Erkenntnis
Im Traumbaum blauer Nacht

Du erst hast mich entsteint
Endlich kann ich erinnern
Was nie erinnert wird

Aber dich lieben, Geistin,
Wie durft ich Dürftiger
Es nur ein Leben lang!

War ich doch ungewesener
Als Licht des Mondes
Bevor dein Blick mich keimen ließ

Geistin

II. Fassung

Du bist die Goldgeborene
Aus den Wunden der Metalle
Die aus heldischer Geduld
Emporgerankte Dolde

Auch wenn nur einen Tag
Mir zugebeugt
Dieser genügte mir die Weisheit zu bringen
Der Nächte in denen das Gültige reift:

Den raschen Saft der Birne
Wie die ewige Heilkraft des Achats
Durch deiner Augen blaues Fernrohr
Seh ich den neuen Weltball

Du kommst, Geliebte, zurück vom Herbst
Den runden weißen Apfel trägst du
In einem toten Blatt
In denkender Hand

Tapfere, die du mit allem
Lebenden Zwiesprach hältst
Die dem glühenden Gestirn
Mit bloßem Aug entgegentritt

Du Duft, du Bewegung, du Atem
Die mir sagen wie ich dich liebe
Im morschen Grunde
Des ungedeuteten Albs

Dein Kopf

II. Fassung

Du hast einen Kopf aus Knochen, aus Salzen, aus grauen Blumen
Ich nehme diesen Kopf in meine blutigen Hände
Ich kann ihn schütteln. Ich kann ihn drehen.
Ich höre Wasserfälle rauschen, ich höre Felsenstücke stürzen

O mein geliebter Kopf
Dies Antlitz diese Silberaugen diese Geigenstimme
Ich drechsle diesen Kopf. Ich kämme diesen Kopf. Ich laß ihn altern
Und denke niemals: Hier weilt Gott

Ein Baum träumt von dir

Es steht ein Baum gefangen in einem Feld
Und träumt von dir
Er reißt an seinen rostigen Wurzeln
Er klammert sich an seine stählernen Vögel
Er wirft die Blätter von sich, um leichter zu sein
Nun ist er schon ein Winterbettler
Und träumt von dir

Dein Schlaf

I. Fassung

Dein Schlaf ist eine geschlossene Mandel
Die Mandel der Kraft, die Mandel der Reife
Was geht nicht alles vor in diesen Früchten!
Du bist die Erde eines großen Traums
Aus deinem Herzen steigen rosa Mandelbäumchen
O selige umbrische Landschaft
Doch auf dem Hügel brennen die Hütten der Menschen
Und ihre Söhne werden noch vor Ostern sterben
Rostige Glocken schlagen an dein Ohr
Ich höre sie wie in den Muscheln
Die Totenkerzen leuchten durch deine Schläfen
Blut fließt aus deinen geschlossenen Augen
Wehe, wenn du sie aufschlägst
Welche Farbe werden sie haben?

Eines Tages

Die Sonne hat dieselben roten Locken wie du
Das Meer hat dieselben Wünsche nach dem Unsichtbaren
Und die Vögel haben immer Hunger
Trotz ihrer nährenden Lieder

Aber eines Tages werden deine Locken entfärbt sein
Und die Sonne wird die ihren kämmen, im Meer
Werden die kleinen Fische gefressen werden
Wenn du keinen Hunger mehr haben wirst

Und der Vogel der sich auf deinem Stein niederläßt
Wird ganz und gar nicht traurig sein

Dein Körper

Dein Körper auf dem Ozean des Schlafes treibend
Ist das Modell von Millionen Wellen
Sie fließen und fließen zu den Prologen der Vergangenheit

Kein Seefahrer sah je sanftere Archipele
Enkelin du der Anadyomene
Und Schwester der Zykladen

O wäre ich der Delphin deiner wogenden Ebbe
O könnt ich verlieren dies Menschengesicht!

Sphinx meines täglichen Lebens

Deine Augen sind größer
Als die der wachsamen Iris
Und strahlend wie das Licht
Das aus den Schleusen des Mondes fließt

Unendlich wie die Gerechtigkeit vor dem Bettler
Haben sie das Blau der Ekstase das Rot der Eifersucht
Das Schwarz der Liebe
Einer Liebe so groß daß die entfaltete Pupille
Die farbige Retina zerfrißt
Weit über die Hornhaut hinaus
Hinaus über die Bogen des Horizonts

Sphinx meines täglichen Lebens
Mit dem Fell der Sonne bekleidete Löwin
Dein Atem mächtiger
Als der Samum und die Brandung
Bändigt die erschrockene Wüste
Wie Rosenessenz

Des Weltalls Gemahlin

Eher des Weltalls Gemahlin als die meine
Mit deinen sieben Sinnen halb Vogel halb Undine
Tauchst du aus unsrer Umarmung auf
Noch von dem göttlichen Schwan verführt
Oder schwimmend in dem singenden Fluß
Der Unsterblichkeit

Dein Arm halb Flügel halb Flosse
Von kaum hörbaren Rufen zuckend
Die Angst vor welchem Gott bedrängt
Immer und immer dein Herz?
Eine Angst die stärker scheint
Als Traum und Leidenschaft?

Leg deinen Kopf

Leg deinen Kopf auf den Strand meines Arms
Und treibe fort
Vom Ufer des süßen Bewußtseins

Jetzt gehört er mir
Dieser Kopf an mein Gestade geworfen
Getrennt von deinem Körper und vom Weltall
Ein Lotus von seinen unsichtbaren Wurzeln losgelöst

Ja! Unter deinen Lidern brennen die Ninives
Deine Füße schreiten über Straßen ohne Namen
Du bist die Tochter furchtloser Riesen
Ein seltsames Volk bewohnt dein Gehirn
Und eifervolle Mütter schrein in den Kellern
Und doch liegt dein Kopf ruhig an meinem Strand
Und kein Vogel würde es wagen seinen Schatten
Auf deine Stirn zu werfen

Gehörshalluzinationen

I. Fassung

Durchs Ohr der Nacht
Hör ich die blinde Harfenspielerin
Die deine Rippen zupft
Hör ich die schwarzen und die grünen Wellen
An deine Brüstung schlagen
Ein Angsttier stapft durch Scharlachbüsche
Es bersten Brücken über deiner Strömung
Und Berge unversehens
Erbeben vom Gesang des Finks
In deinem Puls

Das neue Wahrsein

I. Fassung

Und plötzlich sind uns unsre Hüter fremd,
Die angstbeladenen Engel, wenn
Sie langsam unsre Herzen schließen
Um ihr ganz neues geheimes Wahrsein

Die Zahmen einst sind zänkische Vögel nur
Und ihre plumpen Fittiche schleifen grau
Im Regen des verstummten Himmels
Während wir goldne Körper tragen

Im Hohenlied entzündet sich unser Geist
Wie tausendfach durchfeuertes Bergkristall
Ist unser Inneres entkleidet
Deine opalne Seele strahlt mir!

Die Nacht ist unser Kleid

I. Fassung

Die Nacht ist ein heiliges Wasser das in uns steigt
Die heilige Nacht das heilige Wasser
Sie steigt bedächtig und erhebt sich langsam
Die Nacht, die dritte Wesenheit in uns
Sie hat ein Herz aus Diamant
Und deshalb scheinen wir von innen so, Geliebte

Die Nacht ist unser Kleid, das uns entkleidet
Sie hat ein schwarz und weißes Fell
Ein Tier der innern Wildnis trinkt sie unser Blut
Das schwarze nicht, das rote nicht, das weiße.
Wie nackt sind wir, Geliebte, so im Kreis der Sterne
Und phosphorn leuchtet unser Doppelengel

Duo

Schädel an Schädel
Unsre zwei Gesichter
Läuten die Liebe ein

Das Morgenrot deiner Haare
Entführt mich dem grauesten Altertum
Der Schwarm deiner Küsse
Destilliert meinen Staub zu Honig

Laß das Meer des Blutes
Um unsre Skelette steigen
Unsrer Hände Sterne
Gehen auf, erlöschen

Herz an Herz
Auf dem Grund des Fleisches
Läutet die Totenglocke

Der Farbenvogel

Schwarz-weiß-schwarz
Violett violett
Lichtblitzlicht

Höllenphosphorgold
Des Eulenauges Stern
Im Federgefieder

Halbschwarzer Schnee
Der Zeit Eisen in meinem Blut
In deinem Blutblumenmund

Ich singe und ich senge

I. Fassung

Deine Stimme hat mich in Feuer verwandelt
Ich bin ein Waldfeuer, ich bin ein Vogelfeuer
Ich bin ein Sonnenfeuer
Ich singe und ich senge

Dein Aug hat mich in Wasser verwandelt
Ich bin ein mildes unschuldiges Wasser
Ich bin deine Überraschung
Der gedankenverlorene Wasserfall

O Geliebte, ich bin Feuer und Wasser
Ich bin Vollendung und endloser Sturz
Du hast mich in Bewegung gesetzt
Ich bringe dir alle Nester der Freude

Mit meinen Blättern brenne ich
Für dich brennen die Dornbüsche denen der Engel entflog
Die Hirsche mögen bersten im Sprung
Hörst du die Flügel des Rausches schlagen?

Ich liebe dich …

Ich liebte dich als die Achate im Schoß der Berge
Nichts andres noch waren als zitternde Lichter der
    Dämmerung
Nichts andres als Tränen der Dryaden

Ebensooft wie die Rose neu aus der Asche blüht
Ebensooft sprudelt das Blut aus meinem Herzen

Wie das Rohr des verborgenen Brunnens
Schauert mein Rückenmark wenn du dich näherst

Durch tausend Straßen ohne Ende ohne Schlaf bin ich
    gegangen
Bevor die Spuren meiner Füße auf ewig
Zusammenschmolzen mit den deinen

Unberg

Dem Unberg kaum entstiegen
Dem Untier meines Fleisches enthungert
Im Unmeer meiner Augen
Ertrinkt der Sonnenfisch
Und das Millionen-Ich verweste

Doch ungewesener war nichts
Als dieser Untraum
Bevor dein Augenlicht mich schälte

Aus Nebelfleisch
Aus Windwort
Aus Unsein mich hervorgeliebt

Auf deine Erde hingeschattet
Meiner Seele Unsang
Sang was nie erinnert wird

Deine Stimme

O deine Stimme kam zu mir durch die eiskalte Nacht
Sie kam wie das Licht des Sterns, das Jahrhunderte
Jahrtausende Jahrmillionen durchwandert hat
Sie schmolz das Blei der Berge
Sie überwand die Schatten der Täler
Wie der Ligusterfalter im Flug zur Juligeliebten
Sie rauschte mit den sieben Tönen des Wasserfalls
Sie wärmte wie der braune Samt der Bienen
Sie legte einen goldenen Flügel
Auf meine Kammer
Auf mein Herz
Am Tage des großen ruhigen Todes

Das Zauberwort

O laß mich in dein silbern Ohr
Das Wort das lang verhaltene
Versenken

Vergrab es gut das Wort
Das ich aus dunklem Grabe für dich goß
Es ist das Zauberwort des Schicksals
Verlier es nicht
O laß es nicht verwehen

Wir fänden nie zu uns zurück
Ich fände nie zu uns zurück

Blutrose

Im Winter hatten alle Bäume
Schon ihre Namen und Vögel vergessen
Sie standen wie Bettler im Walde

Und eine Staude stand im Wind
Viel ärmer und schmäler als alle:
Sie hatte die magersten Arme

Doch als ich näher kam
Den einen Zweig zu kosen
Da blutete sie jäh

Und aus dem großen roten Tropfen
Formten sich runde volle Rosen
So bluten nur die Heiligen, die Liebenden

O Sommerangesicht

O Sommerangesicht
O goldener Balkon des Lächelns
Laß ruhen mich unter dem seidnen Vorhang deiner Wimpern

Das braune Korn steht hoch und reif
Verborgener Mohn brennt im Wind
Ich höre die kleinen Bäche deines Lachens rinnen

Ich fange die gelben Falter
In deinen Augen: halt still
Es läutet Mittag in meiner Brust

Warum ich stark bin

Warum ich stark bin:
Ich trage die braune Rüstung der Ritter
Um das kleine ächzende Herz

Nun bin ich gewappnet gegen den Übermut
Und gegen Mörder in meinem Blut
Nun hab ich den Helm gegen dunkle Gedanken
Beinschienen wenn meine feigen Knie wanken
Und selbst mein Gesicht ist umgittert
Für die Gefahr meines Spiegel-Ichs

Der Regenturm

In den Turm des Regens
Schloß ich unsre Liebe ein
Warf den Schlüssel deiner Rückkehr
In des Brunnens Schacht hinein

Aus deinen Regenhaaren
Webst du unsre Linnen
Aus deinen nächtlichen Träumen
Sollst du mir nicht entrinnen

Aus deinem Regenlachen, Geliebte,
Aus dem Echo des Turms
Wächst die Unvollendete
Sinfonie des Liebessturms

Tanzende Rose

Geliebter Kopf: o Rosenfleisch
Den Geist aller Rosen enthältst du

Tanzende Rose im Weltwind
Der Unaufhörlichen Ergriffenheit

Halb Gesicht, halb Blume
Überquellend von Ewigkeit

Eine kleine Biene und ich
Trinken am Gold deines Herzens

Leugnend daß jeder brennende Rosenbusch
Den Totenschädel verbirgt

Die Tiefseetaucherin

Und trotzdem lasse ich dich jede Nacht
Untertauchen in die Tiefsee des Schlafs
An gefährlichen Kais der Ekstase irren –
In verdächtigen Vierteln der Leuchttürme
Tanzest du am Arm der Madreporen
Während du vorgibst zu schlafen

(Deine vertrocknete Hand hat sich verhakt
In der meinen wie ein Anker
Oder wie eine Rose von Jericho:
In ihrer Erwartung scheint sie tot zu sein)

Dann wenn du wieder den Rand des Brunnenschachts
Erklimmst, trunken vom Meskalin des Traums
Sternscherben in den Augen
Reichst du mir einen Strauß von Korallenfischen
Den dir jemand schenkte, du weißt nicht mehr wer . . .

Ich gebe vor nicht eifersüchtig zu sein

Auf dem Balkon deiner Stirn

In deinen Armen weicher als Schnee
Umarme ich den Mörder
Der die Treppe deines Rückgrats ersteigt
Hinter deiner Lunge verbarg er sich
Mit den Flügeln der Schimäre bekleidet
Und zückte sein Schwert gegen dein Herz

Im Winkel der Nacht
Hinter den Kronen deiner Brüste
Schleichen die Wölfe herum
Im Abgrund deines Schulterblatts
O was für eine Menge stampft in dir
Aufrecht auf dem Balkon deiner Stirn
Eine Menge von Irren, von Fakiren

Mahlt dein Fleisch zu Mehl
Spielt Posaune in deinen Augenhöhlen
Matrosen drehen die Räder deiner Augen
Für die Abfahrt ihres Schiffes
Heuschrecken der Lust
Haben die Kleefelder überfallen

Uneinnehmbare Festung

I. Fassung

Der Turm deines Halses, die Zinne deiner Stirn
Die Wolke deines Haares
Eine lange Belagerung steht mir bevor
Ein großes Volk wohnt in deiner Festung
Von frühen Wanderungen ernst
Es schmausen alte Könige an deiner Tafel
Ich habe schwarze Musik zu bändigen
Und rote Magie
Jaguare sind deine Lieblinge

Nun die Mauern deines Turms wären zu erklimmen
Und die Wolken deiner Haare zu zersprengen
Aber furchtbar zu bekämpfen ist dein Auge
Das aus meinen Händen alle Waffen schlägt

An Liliane

Weil du den tiefen See hattest
Mit weißen Segeln in den Augen
Blieb ich an deinem Strand

Dein Atem duftete nach Flieder
Und nirgends waren Büsche aufgebrochen
Als wärst du eben grade aufgeblüht
Und zittertest von Bienen

Ich sah nicht viel von deinem Antlitz
Aber der reine blaue See, der Vogel
Der mich aus deiner Tiefe rief . . .

Von allen Königinnen von Tyrus und Babylon

I. Fassung

Von allen Königinnen von Tyrus und Babylon
Von allen Huren von Kreta
Von allen Palmen von Palmyra
Hieltst du zurück die Weisheit im Blut
Den Edelmut in jedem deiner Worte

Das Murmeln des finstern Tajo tönt in deinem Blut
Und die Melodien der Brunnen von Korinth

Gebeugt über deine Lippen
Hör ich die Monologe der Götter
Gebeugt über deine Augen
Seh ich zurück bis zur Geburt der Welt

Begegnung mit der Quelle

Einen Augenblick lang traf ich sie
Die Quelle der man nur einmal begegnet
Wie die seltene Liebe
Unter dem Wald der Wimpern und Lächeln

Die Quelle floß wie eine Stimme
Wie tausend Stimmen weißen Wassers
Grünen Wassers blauen Wassers
Und ich warf meine Seele hinein

Meine schon etwas abgenutzte Seele
Wie Wäscherinnen ihre Laken
Warf ich meine Seele ins ewige Wasser
Um sie auszuwringen bis zum Glauben

Quelle, jede Minute eine andre
Unter dem Vorhang der Brunnenkresse
Über dem vielfachen Geheimnis der Schöpfung
Quelle, unzähmbar wie deine Forellen

An C.

Jeden Morgen entsteigst du dem geschlossenen Busch
Schiebst des Traumes Äste auseinander
Tauchst empor aus der Nacktheit der Urzeit
Wie die Wahrheit die die Eischale sprengt

Aber du bist weise wie der Dotter der Sonne
Und reich genährt von der Wahrheit der Erde
Noch trächtig von einer gesunden Erkenntnis
Du die weit fort war während vieler Stunden

Du die in der Fabrik Gottes arbeitete
Eher seine Beraterin als seine Angestellte
Mit der Voraussicht der Birke
Der die Erregung auch die Hüfte beugt

In jedem Augenaufschlag neu geboren
Quell-Frau aus dem Tal des Salzsees
Bach des Bergs mit den Nasenlöchern aus Enzian
All meine Nahrung geht durch dich hindurch

Liebst du mich?

Mein östliches Aug wandelt über dir
Wie der zunehmende Mond
Mit Minzgerüchen füll ich
Deine zwölfte Stunde
Ein zarter Vanillewind
Regt deine Gedanken auf

Eine meiner Veilchenstimmen
Rankt bis in dein Ohr
Sie greift wie mit Wurzeln
In die Fontanellen
Hörst du mich? Hörst du mich?

Mein Augmond steigt über dir
Das Große und das Kleine Meer
Schlagen schon blaue Wellen
Liebst du mich? Liebst du mich?
Der Mond steht über Arabien
Sein Jasmin dringt bis zu dir

Mein Auge magert ab.

Geadelt

Oft war ich von dir abgewandt
Unsterbliche

Und sah nicht deine weiße Hand
Mir von Ägypten winken

Ich lief abseits von den Bächen
Die ganz aufgeregt von dir sprachen

Und ich nahm von dir den Blutkuß
Ahnend nicht, daß ich geadelt war

In deinen Haaren reift der Waldmeister

I. Fassung

In deinen Haaren reift der Waldmeister
In deinen Augen schnellen die Forellen
Und erlöschen die Blitze
Du bist die feurige Landschaft
Der fliehenden Nachmittage

Umsonst versuch ich deine Füchse einzuschüchtern
Und deine Ameisen zu züchtigen
Frauentier Tierfrau
O Tochter der toten Träume
Kunstreiterin des rasenden Zodiaks:
Dich lieben heißt das Menschliche verlassen

Der blaue Vogel deines Auges

Warum muß ich deine Backenknochen spüren
Wenn ich den Apfel deiner Wange streichle?
Bröckelt die Tünche schon vom Gerüst aus Kalk?
Der blaue Vogel deines Auges sträubt sich
In einem Blick der schon den Sturm erwägt

Mag ich dich auch noch soviel betrachten
Noch soviel noch soviel
Lang vor der Morgenröte
Hat sie mein schweres Augenlid verdrängt:
Deine Fleischhand in meiner Staubhand

Deine Hände

II. Fassung

Geliebte, deine linke Hand ist eine Blumendolde
Die rechte eine Knochenblume
Die beiden segnen mich
Die beiden nähren mich
Mit Milch mit Blut mit Vögeln und mit Lämmern
Die Zeit ist eine stumme Richterin
Kaum wechsle ich den Blick von einer Hand zur andern
Bin ich ein Greis geworden

Meine unendliche Landschaft

II. Fassung

Von den Fichten, von den Veilchen, von den Farnen
Die frohe Tochter ist meine Geliebte.
Die Düfte des Waldes sind in ihr vereint
Sie ist meine unendliche Landschaft
Die Quelle mit dem Ewigkeitsrausch.
Sie ist die Erde der Pflanzen. Sie ist der Quarz der Tiefen
Ganz unsichtbar vor so viel gefangenem Licht.

Dein Veilchenstrauß

Von deinen Veilchen war der Tag so blau
Sie hatten Köpfe länglich schiefgehalten
Und senkten sie wie Pferde an der Tränke

O Veilchen einer schwarzen Erde!
Nun trinken müssen an den fremden Wassern
Von meiner unbekannten Hand!

Sie blieben aber blau bis in den Abend
Und dufteten so blau bis in den Tod

Auferstehung

I. Fassung

Unter jedem Stein ein Same dem Verderben geweiht
Unter jedem Samen schon das Ungeziefer
Das den Tod ißt und verdaut

Schwarzer Schmetterling des Nichts
Zerreiß den Kokon gestriger Sommer
Wiege dich auf dem Marmor

Und lege deine Eier in die Nasenlöcher
Unaufmerksamer Götter
Begraben unter einer Lava von Larven

Von den Atomen der Liebe besiegt
Tod, was kannst du gegen die Auferstehung
Der Liebe der Unsterblichen Geliebten!

Auferstehung

II. Fassung

Unter jedem Stein ein Brot des Todes
Und unter jedem Tod schon das Gewürm
Das den Tod frißt und verdaut

Tod! Tod in der Erde und im Silex
Unter jedem Weizenkorn
Ein Berg schwanger vom Tod

Die Mittagssonne
Magerer als die Verurteilten
Rührt kaum an das junge Gras

Und an den Tod der brennenden Witwe –
Halbmond geht auf in meinem Nagel
Zum letztenmal!

Geliebte mein Wasser

II. Fassung

Geliebte mein Wasser! Geliebte mein Feuer!
Mein durchsichtiges Wasser. Mein verschleiertes Feuer.
Geliebte du mein Wasserfall!
Geliebte du mein Feuerflug!
Hinab hinab mit den Wassern!
Hinauf hinauf mit den Feuern!
Mein gehorsames Wasser. Mein löwenmähniges Feuer!
Mein Wasser des Lachens. Mein Feuer der Wollust.
Fische leben in deinen Augen.
Vögel brennen in deinem Haar.
O mein unschuldiges Wasser! Mein hungriges Feuer!
Aber trügen nicht die Seen?
Aber reinigen nicht die Scheite?

Geliebte! Mein fliehendes Wasser!
Mich wärmendes Feuer!
Wassers stets Verschwendung. Feuers stete Verwandlung.
Wasser mein Sturz! Feuer meine Heiligung!
Wasser! Feuer!
Geliebte! Geliebte!

Wir Sterbenden sind übermütig

I. Fassung

Es tanzt der siebenarmige Gott für uns
Es tanzt der feuerarmige Maskentag
Wir Sterbenden sind übermütig
Unsre Asche bedeckt die Tempel

O Sonne werde grausam mit jedem Korn
Leg deine Todeseier in unser Ohr
Auf daß aus jeder Schädelspalte
Die kupferne Blume des Irrsinns blühe

Die Wasser neugeschwängert mit Otternlaich
Die Winde angekränkelt von Einsamkeit
O goldverbrämter Totenwagen
Deine vier Rosse mit Blei behuft

Viel wilde Frucht mit trockener Spreu gefüllt
Viel Ackersaat verfault von den Überschwemmungen
Deiner entfesselten Tränenfluten
Aber die Stele unsrer Liebe trotzt jedem Zyklon

Claire an Yvan

Ich hab dich beten hören nebenan

Ich hab dich beten hören nebenan:
Es klang wie Orgel,
Wie Brunnenseufzer zur Nacht,
Wie Wind der über biblische
Städte und Meere gereist.

Auch Kinderglaube war in deinem Gebet
Segen der Väter,
Hingabe an das fernste Leid,
Demut vor Verstorbenem,
So viel Liebe für alles was lebt . . .

Wie gern hätt ich deine Hand geküßt,
Die gefaltete, aber wo einer kniet
Ist immer ein Engel zugegen.
Ich hab dich beten hören nebenan:
Es klang wie ein neuer Psalm Davids,
Der den Goliath in sich erschlug.

Unschlaflied

Vorgestern spiegelte ich dich:
Sonne
Nachts spielten wir Stern
Fingen Wind
Gestern regnete es schon
Aber heut ist es erdkalt
Meine Augen frieren zu

Öde Weiher
Scherben auf dem Grund
Rostige Nägel
Und ein ertrunkenes Herz
Moder
Stille
Nichts rauscht mehr von dir:
Sonne Wind Stern

Neben dir

Neben dir
Blinden meine Augen
Die Straßen kreisen
Meine Augen küssen deinen Mantel
Bäume treiben Vögel
Nelken sind mit Liedern gefüllt

Deine Stirn ist mein Berg
Über deinen Blick
Steig und stürz ich
Ins Irgendwo
Einer Bacchantin Füße
Einer Säuferin Herz
Von hundert Liter Liebe trunken

Du-Ich

Wir sind traumblumig
Vom selben Licht
Von gleicher Dämmerung
Aus Sternasche
Schon vor unsrer Geburt
Waren unsre Wesen eins
Und nach dem Tod
Werden wir uns wieder suchen

Durch die Zeit
Durch den Raum
Stürz ich mich
In dich
Knabe-Gott
Sinke wieder
Unendlich
Ins Ur

Frau

Auf mich wartete die gütige Hand
Des Freundes, Mannes, Geliebten –
Aber ich fuhr in die Rue de la Paix,
Zog einen irdischen »Ausverkauf«
Dem himmlischen seiner Träume vor.

Auf dem kalten Boulevard
Ließ ich ihn frierend allein
Mit der Traurigkeit
Und ging ins Kino,
Begleitet, Zeit verspielend.

Und abends verschenkte ich das Lächeln
Das ihm gehört
Und überhörte seinen Schrei,
Den Einsamen,
Beim Tango

Während der ätzende Mond
Ein Loch in sein Herz brannte
Und Uhren Unwiederbringliches schlugen,
Draußen in der Allnacht,
Schlief ich.

Dichtersorgen

Sorgen, Liebster! Sind Sorgen
Rosa, blau und grün,
Voll napoleonischer Runen
Wie diese Steuerzettel?

Wirf in den Rinnstein
Die Blätter fossiler Beamter,
Die nicht ahnen welch vererbtes Kapital
An diamantenen Sternen wir hinterzogen haben

Wirf in den Mülleimer
Die Rechnungen der Bäcker, Krämer!
Sind wir nicht Multimillionäre?
Tropft nicht das aristokratische Blut

Unsrer Geranie auf die grünen Hände
Am Sims unsres Mansardenpalasts? –
Wenn das Finanzamt wüßte
Welche Rente uns die Geranie trägt

Welch hohen Zins jedweder deiner Verse
Hätte der Gerichtsvollzieher
Ihnen längst sein Siegel aufgedrückt.
Geld macht arm, Krösus der Liebe!

Nachtmusik

Zur Nacht wenn du mich schlafend glaubst
Und fast unhörbar Chopin spielst
Fällt mir ins offne Auge
Das Licht noch unentdeckter Sterne.

Betäubt vom Rauschgift deiner Töne
Von ihrem Chloroform benommen
Flieg ich mit deinen Flügeln fort,
Dem Bettler und dem Heiligen verschwistert.

Du bist der Gott der mich verwandelt
Wie die Gestalten der Mythologie:
Der Goldregen in Danaes Schoß
Er war nichts anderes als Samen der Musik.

Streit

Nichts ist stark genug
Dich von mir zu trennen:
Kein Meer, keine Stadt, keine Frau,
Aber wenn du die Lippen zusammenpreßt
Irr ich wie eine Blinde hilflos umher,

Liegt zwischen uns ein furchtbarer Abgrund,
Tiefer und wilder als der große Canyon.
Wenn das Lächeln auf deinen Lippen untergeht
Wird's Nacht im hellsten Mittag,
Bist du unerreichbarer als ein Stern.

Bankrott

Du beraubst mich
Des Radiums deiner Augen,
Des Morphiums deiner Lippen,
Ich finde kein Gold mehr
In deinen Adern:
Eine Wahrsagerin hat mir längst
Ihr Versiegen prophezeit.
Von was soll ich leben?
In welches Land flüchten
Um den Bankrott meines Herzens
Nicht anmelden zu müssen?

Mai, Süßer Revolutionär

I. Fassung

Und Schwalbe schläft mit Schwalbe
Unter unserm First.
Der Täuberich im Schlag
Bringt der Erwählten goldne Körner.
Vor jeder Paarung beutelt unser Spatz
Die Spätzin zart am Schopf.
Die Amsel zeigt dem Weibchen einen Wurm,
Im Garten unten, aufgeregt von Mai.
Längst ist der Steinkauz
In dem Loch des Buchenstamms
Nicht mehr allein mit seiner Klage.
Und unsre siamesische Katze wirft sich
Irr schreiend, um sich selbst herum.

Die Kreatur drängt hin zu Kreatur,
Wo immer zwei, streben sie eins zu werden,
Kostbare Arten gilt es fortzupflanzen,
Hörig ist jedes Wesen der Natur. –
Nur ich, die mehr vom Frühling weiß
Als das Getier, darf dich nicht rufen,
Denn du suchst Liebe irgendwo
Unter zerfetztem Similibrokat
Von Baldachinen, die man kaufen kann.
Und hast das Hohelied der Einsamkeit gesungen
Und weißt wie keiner um Verlassenheit . . .
Doch Abenteuer macht dich unbeschwert:
So hältst du nicht mit mir die Bluthochzeit.

Mai, Süßer Revolutionär

II. Fassung

Seit du mich verlassen hast
Wird's nicht mehr Tag.
Mit der Zeitlupe kriechen die Nächte
Winter verfolgt mich durch alle Monate.

Vergast sind die Blumen des Frühlings
Die Natur nichts als Staub
Wo ich gehe verdorren die Veilchen
Wenn ich mich nähere welken die Anemonen

In meinem Kalender
Fehlt der Monat Mai:
Sonne, Blüte, Duft:
Wer verlassen ist, siecht an euch.

Mai, süßer Revolutionär
Furchtbar sind deine Waffen!

Ich lieb-hasse dich

Wie in alten Märchen
Wünsch ich dir ein Bett von Jasmin,
Schierling an die Wegränder
Deiner treulosen Träume.

Wenn ich dich wiedererwecken könnte
Tötete ich dich vielhundertmal
Mit dem Strychnin meiner Gedanken,
Mit meiner Tränen Belladonna.

Ich lieb-hasse dich
Möchte den Cancan tanzen
Vor deinen starren Fayenceaugen
Und möchte doch, daß du niemals stirbst.

Könnt ich mit liebevoller Kunst
Deinen Schädel schrumpfen
Wie eine Kopfjägerin Brasiliens,
Anstatt deine Hände zu küssen, Mörder!

Verwünschung

Verräter
Wie ich dir fluche
Und mich hasse weil ich dir fluche
Wie ich dir den Tod wünsche
Und tausend ewige Leben
Und ganz Paris mit all seinen Frauen
Bis auf die Eine
Und ein Kerkerloch
In dem dein Gebein herumliegt
Kegelspiel für Ratten.

Wie eine Zauberin
Verwünsche ich mich
Weil ich dich verwünsche.
Und wünsche dich doch hundertjährig,
Möchte für dich bis ans Ende der Welt
Barfuß auf spitzen Steinen gehn
Möchte schießen in dein Herz
Mitten in dein Herz.

Jamais deux sans trois
(Zwei niemals ohne Drei)

A B und C sind die bekannten Größen
Die Unbekannten sind Z und Ypsilon
Doch wozu Gleichungen, wozu sie lösen?
In deinen Bernsteinaugen zuckt das Elektron.

Bekanntlich ist die Null dem Ypsilon gefährlich
Es fällt sein Wert wenn sie ihm näher rückt
Und trotzdem hat die Null das Ypsilon entzückt
O warum kam die Null auf diese Welt!

Die Null, das glatteste von allen Zeichen,
So viele Völker lebten ohne sie
Warum erfand mich zu verderben
Die Null ein mathematisches Genie?

Glückliche Römer, die das Dezimalsystem
Und unsre Null nicht kannten:
Null runder wie der Kreidekreis
Dem der Skorpion nicht zu entrinnen weiß

»Leer ist die Null. Ist eine Seifenblase.«
»Für Aristoteles gab's keine Leere«,
Sagst du mit philosophischer Heiterkeit...
Womöglich birgt die Null eine Ekstase?

»Du rechnest wie ein Kind der ersten Klasse«,
Spottest du und beweist:
»Eins plus eins ist seit jeher zwei«,
Jedoch in unsrer Zwei versteckt sich Schlange Drei.

»Ihr Köpfchen deckt den Januskopf der Zwei
Der Hälfte eines Fragezeichens ähnlich:
Die Lösung des Problems ist schwierig
Brecht Logarithmentafeln, brecht entzwei!«

O eine Null in die Potenz erheben!
Die Unbekannte siegt in unsrer Rechnerei.
Stets war die Letzte ich in Algebra
Und Dritte im Proverb: »Zwei niemals ohne Drei.«

(französisches Sprichwort: »Jamais deux sans trois«)

Kurzschluß

Wie oft in tausend Jahren
Mögen wir uns schon begegnet sein?
Vielleicht warst du in einem indischen Märchen
Der blühende Brotfruchtbaum
Und ich die leichte Biene?

Warst du der Kolibri
Auf einer kaum gebornen Insel
Ich die Hibiskusblüte?
Wer kann das Gegenteil behaupten?

Steckt nicht von unsrer Zärtlichkeit
In jedem Vogelei von dem wir träumen?
Und baut nicht unsre Liebe mit
Wenn Blumensame einen andern sucht?

Und nun da wir durch die Straßen
Des zwanzigsten Jahrhunderts schweben
Der Zauberformeln chemisches Produkt
Die Batterie des Herzens

Mit tausend Volt geladen
Glaubst du du mußt nach Osten gehn
Und schickst mich fort nach Westen
Sollst du nun Sommer und ich Winter haben
Du und ich nicht dieselbe Jahreszeit?

Heimkehr

Seit zweitausend Jahren warten wir
Im härenen Schlafrock
Auf Odysseus' Heimkehr

Kalypso und Circe –
Vorwand für seine Irrfahrten –
Sind noch immer klassische Ausreden

Penelope gestern Penelope heute
Warten wir Asche im Haar:
Der Sage nach müßte jetzt Argos bellen

Der Hund der den Herrn im Bettler erkannte.
Was tun, wir haben keinen Argos
Und vielleicht entgleist dein Zug?

Verstört seh ich dein Bild auf dem Kamin
Wie im Vexierspiegel verzerrt
Einmal konvex, einmal konkav.

Das Fenster zittert in meiner Hand
Als wollte es vor Angst zerspringen:
Vielleicht bringst du die Fremdlingin

In deinen goldenen Augen mit?
Wie dem auch sei! Mein Kapital
Hab ich in Rosen angelegt.

Fort mit euch, freche Freier!
Was kümmern mich Kalypso, Circe!
Du kommst zurück!

Die Leibeigene

Ich will sie gerne weinen
Die Tränen, die du so liebst,
Du bist der Herr. Doch laß ich mich
Als Sklavin nicht verleihn

Ich weiß, du brauchst die Qual
Du liebst die Eifersucht
Und leihst mich darum
Fremden Armen aus.

Du mußt den Stein
Ins ruhige Wasser werfen.
So wirfst du mich wie ihn
Auf daß wir Kreise ziehn.

Stumm ist der Stein
In seinem harten Sein
Man kann ihn werfen andern zu
Und er bleibt doch allein.

Zeit-Vorrat

Du verschwendest unsern Vorrat an Zeit
Unsre kurze Unendlichkeit
Wir müßten Herz an Herz
Stetig in die Höhe wachsen
Wie die weisen Pflanzen am Fenster
Doch du züchtest im Herzen
Das Unkraut der Unruhe
Und nimmst wie eine Droge
Die Pillen des Unglücks ein

Ein Junge der des Löwenzahns
Samenball mit dem Schuh wegstößt
Bläst du unsre Traumsamen fort
In kunstvoll durchlöchertem Krug
Sammelst du die Regentropfen
Wie jeder einmal im Leben sammelt
Für kommende Jahre der Dürre
Ach! Seifenblasen läßt du steigen
Sind sie doch nicht zu ergreifen

Du verschwendest unsren Vorrat an Zeit
Unsre kurze Unendlichkeit

An den Nachtigoll

(Volkslied)

Die größte Qual jener Nacht
War die Nachtigall . . . ohne dich.

Der Mond lachte wie ein Totenkopf
Und machte sich lustig über mich.

Sie sang wie du, so liebessüß,
Brachte den Frühling um die Ruh.

Und als sie immer lauter sang
Hielt ich mir die Ohren zu.

Denn sie hatte dich vertont
Deine Lieder in meinem Hirn.

Ich schloß Tür und Fenster
Aber sie sang hinter meiner Stirn.

Nein, es gab keine Flucht
Die Nachtigall war in mir.

Und sie sang immer weiter
Und immer nur von dir.

In jener sterbenskranken Nacht
Hab ich des Nachtigolls gedacht

Der der andern Primeln pflückt
Und sie mit unsern Sternen schmückt.

Du sagst: »Verzeih!«

Von dir lernte ich Liebe und Tod
Ohne dich wäre ich nie gewesen
Ohne dich glaubte ich keinem Gebot
Ohne dich wären die Wälder Staub
Ohne dich gäbe es kein Brot
Ohne dich klängen Gebete leer
Ohne dich kein Morgenrot – –
Schieß in mein Herz
Zweifel und Schrot
Ich hab dir nichts zu verzeihn

Vor dir lebt ich im Kohlenschacht
Von dir lernte ich Anfang und Ende
Durch dich hindurch hab ich gedacht
Du setztest mir neue Augen ein
Tausend Wunder hast du vollbracht
Das Reich das du mir aufgetan
Ist von hoheitsvoller Pracht
Und wenn es gut ist für dein Werk
Töte mich jede Nacht
Ich hab dir nichts zu verzeihn

War es ein Traum . . .

War es ein Traum
Als ich in goldenem Taxi
Mit dir durch den Montag schwebte
Als meine Hand wie ein Vogeljunges
In der deinen bebte?

Die Bäume der Boulevards
Warfen ihre Sehnsucht
Durch das Fenster des Wagens
An jedem Haus flammte das Neonlicht:
ICH LIEBE DICH

War es im Traum
Daß wir irgendwo ankamen
Und landeten auf der Erde?
Welch tödlicher Unfall raubte dich mir?

War es ein Erdbeben
War es ein Herzbeben?
Nur deine abgerissene Hand
Liegt noch warm in der meinen

Orpheus mit der Gitarre

Wenn jemand die Gitarre zupft
Springt immer eine Saite meiner Seele.
Wie damals sehe ich dich, bleicher Musikant,
An eine Straßenecke hingeweht:
Und laut weint die Gitarre unter deiner Hand.

Welcher Eurydike zugewandt
Spieltet ihr da ein schluchzendes Duett,
Du und dein Schatten neben dir,
Passanten völlig abgewandt,
Die Münzen warfen in den Doppelhut?

»Orpheus, Musikant des Herbstes,
Vergessen hat er Griechenland . . .«
Vergessen auch Paris, das er durchquert:
Er sieht den Wagen nicht, mit attischem Wind beladen
Den Schicksalswagen, der ihn überfährt.

Und seitdem weiß ich nicht, wenn ich erwache,
Wo Traum beginnt, wo Wirklichkeit,
Ob die Gitarre wahrhaft klingt,
Ob unsre Schatten noch am Körper hängen,
Ob, was uns streift, die echte Zeit.

Du weinst über mich

Die Erlen tragen Frucht
Und du weinst
Am Apfelbaum reift die Erkenntnis
Und du weinst
Die Wundermalve öffnet sich
Und du weinst
Das Sumpfherzblatt hat Glück vergoldet
Und du weinst
Ein Nachtpfauenauge strahlt
Und du weinst
Der Thymian duftet nach Liebe
Und du weinst
Der Mais stößt seinen Kolben
Wie ein Geschlecht gen Himmel
Und du weinst

An welchem Fels meinen Kopf zerschlagen!
Du weinst über mich!

Fernruf

In meiner Hand
Halte ich deine Stimme
Rosen zwitschern fiebernd
Ich klammre mich am Hörer fest

Über sechshundert Kilometer hinweg
Leitet der Draht den Schlag
Deines Herzens in meins
Ein Rettungskabel warfst du mir zu

Ich küsse den Hörer
Wie Haschisch trinke ich deine Worte
Betrunken, versteh ich nicht eins
Deine Stimme zieht mich zu Boden

Ich kann nur knien
Wenn du zu mir sprichst
Und die Hände falten um den Hörer
Wie um ein kostbares Gebet

Ach so zu schmerzen von Ungesagtem
Von deinem Atem zwischen zwei Worten!
Über sechshundert Kilometer weg wirfst du
Deinen magischen Schatten

Warum bist du so überirdisch groß?
Hinter meinen geschlossenen Lidern
Fängst du an und hörst wie Gott
Nirgends mehr auf

»Sprechen Sie noch?«
Nein, nein, hänge nicht ein!
Noch drei Minuten singende Nelken
Aller Gärten der Welt!

Ich weiß du bist nicht allein
Schenk mir noch etwas Zeit
Hundertachtzig Sekunden Ewigkeit
Bevor ich aufhöre zu sein

Mörderin

Du siehst mich nicht mehr
Deine Blicke sind auf Gastspielreisen
Deine Gedanken in der Sommerfrische
Selbst im Winter!

Ich hab dich in jedem Traum getötet:
Mit einer Schleuder aus Wünschen
Mit einem Pfeil in Kurare getaucht.
Eine Kugel aus Gold jagte ich

Durch deine Dichterstirn
Schmückte sie mit blutigen Rosen
Drückte giftige Dornen der Rache
In deine Astrachanlocken

Auf daß die andere Hand
Sich daran steche,
Sich den Brand hole –
Ich hab dich getötet in jedem Traum

Daß Vögel sind

Daß Vögel sind:
Füßchen im Schnee
Feder um Gesang
Kleiner Ballon mit Angst
Und Sehnsucht gefüllt
Von Kontinent zu Kontinent
Vom Gesetz getrieben

Daß Vögel sind:
So klein vor dem Raum
Gottes Initialen
An die Wolkentafel schreibend –
Wie möchte man knien
Weil Vögel sind
Und weinen wenn sie singen
Am Abend um fünf
Und der Geliebte ist fern

Dein Paßbild

Wie traurig du bist auf dem Paßbild!
Schon übermüdet von der kommenden Reise.
Der Schatten deines Mundes
Verdunkelt mein Dasein

Riet dir die Seherin nicht:
»Bitte freundlich in die Zukunft sehn!«
Sollst du nun in Ewigkeit allein
Auf dem Foto traurig sein?

Und liegen doch hinter deiner Stirn
All unsre Frühlinge begraben!

Sieh mich nicht länger so an!
Schon füllen sich deine Augen
Mit meinen Tränen

Gebet

Gott wenn du wirklich bist
Laß ihn zahllose Arme
Strahlender Göttinnen finden
Die jeder Mann erträumt

Schenk ihm tausend Umarmungen
Und immer neue Kosenamen
Viele heiße Schreie der Ekstase
Und abertausend Küsse

Die ein einziger Mund
Ihm nimmer geben kann
Gib ihm die Zauberspiegel
Aus Gold und aus Smaragd

Seltenster Frauenaugen
Daß er in ihnen finde
Die Variationen seines Ichs
Tausendundeine Form der Liebe

Gott wenn du wirklich bist
Gib mir die Kraft
Gegen sein ehebrecherisches Lächeln
Das süße der Verzeihung auszutauschen

Zeitlupe

Seit du mich verlassen hast
Wird nicht mehr Tag.
Die Nächte gleiten mit der Zeitlupe
Durch alle Monate verfolgt mich Winter.
Auf dem Grund meiner vereisten Augen
Sterben die Seepferde, meine Pegasusse

Und Motten der Zerstörung
Fressen die Wolle meines Haars.
Niemals mehr wird es Frühling
Maiglöckchen und Gelbstern
Weigern sich mir zu wachsen.
Mai, süßer Revolutionär,
Warum fliehst du mich?

Der Hinterhalt der Sterne

Ach noch einmal schmecken wie die Himbeeren,
Rot!
Die blaue Erregung der Kornblumen teilen,
In der Kehle den Schrei wiederfinden,
Den heiseren der Lust zu dir!

Im Mittag seine Brüste reifend spüren
Wie zwei junge Äpfel!
Noch einmal, noch einmal
Mit dir, Untreuer,
In den Hinterhalt der Sterne fallen!

Der Untreue

Ich war des Abends diamantene Göttin
Mein Aug brannte von tausend Kilowatt
Mein Mund war eine rote Flamme
Mein Name, seltsam fremder Name
War in die Haut des Himmels tätowiert
Und alle Liebenden der Stadt
Benannten ihren Traum nach mir

Indessen ich heute
Mit weher Schulter
Stehe am regenverweinten Fenster.
Die Wolle des Ärmels schmeckt bitter
In die ich meine Schreie beiße
Ich bin die einsamste der Frauen
Mein Geliebter vergaß wie ich heiße

New York

Vergebens suchte ich
Dein Ohr schalldicht zu machen
Gegen den teuflischen Lärm
Dieser Stadt ohne Engel

Du kehrtest wieder heim
Verwundet von den Vögeln ohne Lied
Von Gärten ohne Blumen
Von Augen ohne Blick
Vom Schmutz des Geldes
Das deine keusche Hand besudelte

Mein Heiliger
Reiner in deinen Sünden
Als alle Frömmler
In hundert Kirchen ohne Glauben

Leukämie

Meine Tränen fielen auf deine Rosen
Ihr roter Hohn ihr Purpurschrei
Ließen deine Stimme noch blasser tönen

Wie ich mich meiner rosa Wangen schäme
Sooft ich deine mondenweißen seh!
Dürft ich nur deine blutlosen Lippen
Mit dem Scharlach der meinen färben!

Könnt ich die Flüssigkeit meiner Adern
Einströmen lassen in die deinen,
An deiner Stelle sterben, mein Geliebter!

Ruh aus!

Ruh aus! Ruh aus! Mein zarter Krieger
Ruh! Mein Herrscher unter der Weide meines Haars
Ich schütze dich vor der feindlichen Krankheit
Und vor den Gewittern deines Herzens

Nimm meinen Arm zu tragen deine Lasten
Ich borg dir meinen Fuß für alle Irrfahrt
O mein nie landenwollender Odysseus
Der jedes Ufer zweifelnd floh

Hör endlich auf ruhlos zu wandern
Durch die eigene Qual
Abhalten wird mein Leib von dir den Wind
Des Schicksals. Er soll die Schranke sein
Die niemand überschreitet. Auch kein Tod!

Angina

Über den Brunnen deiner Kehle gebeugt
Sah ich deine Mandeln rosiger
Als die Blüten des Mandelbaums
Sah das Instrument das hervorbringt
Das seltene Hochzeitsgedicht

Hier haben deine Küsse ihren Ursprung
Reichen verzweigt hinunter in dein Herz
Hier wird die Stimme geboren
Die ich der Harfe des Engels vorziehe
Hier entspringt der Quell deines Lachens

Der mich mehr berauscht als die Orgel
Der kirchlichen Feste
In diesem rosa wattierten Schrein
Liegen verstreut die kostbaren Namen
Mit denen zur Nacht du mich schmückst

Und von Schwindel ergriffen
Über dem Zauber-Brunnen
Sah ich ihn plötzlich vertrocknet
Deine Seufzer versteint
Durch die Zeit. Anstelle
Der purpurnen Lieder
Den allesvernichtenden Staub

Aufschub

Noch ein Tag! schreien die Hähne
Mit ihren Posaunen aus Bronze
Die zerlumpte Nacht verjagend

Noch ein Tag! sagen die Blumen
Und glätten für des Mittags Besuch
Ihre roten Dolden

Noch ein Tag! verrät deine Aorta
Meinem horchenden Ohr
Das Orakel auf dem Grund deiner Brust

Noch ein Tag! Aber der Abend naht
Wer wetzt die Sense
Und läßt die Rosen bluten auf dem Tisch?

Unter der Lawine des Mondes
Durch dein von Strahlen umkröntes Haupt
Seh ich schon deinen Totenschädel

Abschied

Ich las in deiner Pupille
Geweitet von Belladonna
Deinen langen Abschied
Meinen lebenslänglichen Feuertod

Ich las in deiner Hand
Mein Frauenschicksal
Lebendig begraben zu werden
Im Mausoleum des Vergessens

Ich erriet an deinem Gang
Deine Flucht ins Unbekannte
Flucht lange vorausbedacht
In den Nächten des Sterbens

Ich erlauschte im Labyrinth
Deines geschnitzten Ohres
Die Kosenamen die du deiner Geliebten
Der Todesgöttin gabst

Als ich in deiner Pupille
Mein einsames Ende erspähte
Schlossest du schnell die Augen
Betrogst mich ein letztes Mal

Vorahnung

Die Nacht unsrer Liebe ist kurz
Wie die Nacht des Glühwurms
Kürzer als die Johannisnacht

Dein verklärtes Herz
Hat gebrannt auf den Bergen
Lange noch wird es brennen
Im Gedächtnis der Täler

Ach! schon der Schrei der Wildtaube
Dämmerung die die Theater zerstört
Um Mittag wird dein goldnes Gerippe
Von Ameisen besucht werden

Augenlider aus Stein

Ach: schon tönt die Harfe Davids
Vor deinem Sauerstoffzelt

In unzählige Meteore
Zerbricht deine Sternenkrone

Alle Wüsten umgeben dich
Um aus dir ihren Sänger zu machen

Ein Nebelkamel kniet nieder
Bereit dich ins Nichts zu tragen

Schon wird der Vollmond deiner Pupille
Zur schwachen Sichel

Blind ohne deine Augen
Werden die Rosen mich nicht wiedererkennen

Wer wird mich vor mir schützen
Vor den Tag- und Nachtgesetzen?

Wenn der Töter auf meinen Balkon steigt
Und die Schlange in der Minze lauert?

Ach! Laß mir diesen letzten Apostelblick!
Nein! Nicht zwischen uns diese Lider aus Stein!

Das Negativ

Vor mir liegt das Negativ
Deines letzten Lächelns:
Einer chemischen Lösung
Verdankt ein Augenblick Dauer.

Vor mir liegt ein Schattenbild:
Deine Stirn ist schwarz
Schwarz-weiß dein Blut
Weiße Asche die Kohle der Augen.

Dein Lächeln auf Gelatinepapier
Dein letztes Lächeln!
Ein Lächeln ohne Dimension
Eine optische Täuschung.

Drückt man die Wedel des Engelfußfarns
Auf weiches Büttenpapier
So lassen die braunen Samen
Ähnlich zarten Umriß zurück.

Negativ: Schwarze Samen des Todes!

Wiegenlied

Du wächst in mir
Wenn mich eine Blume ansieht

Wenn der Regenengel
Sich wandelt in Melodie

Wenn das Chlor der Einsamkeit
Meine Haare bleicht

Wenn meine Tränen
Zum Wiegenlied werden

Schlaf deinen Marmorschlaf, mein Kind,
Ich halte dich immer in meinem Arm

Staub

Schon Grünspan an deiner Schläfe
Schläfer der Dämmerung
Und die Erinnerung an deine letzte Rose
Nichts mehr als Staub

Schon deine Statue zerbrochen
Verstümmelt der schwarze Engel
Gefährte unserer Spiele
Und unsrer fiebrigen Melancholien

Schon die Krümel deiner Träume
Zwischen den Käfern verteilt
Deine Hände mit Nacht gefleckt
Und ansteckender Ewigkeit

Die letzte Silbe meines Namens
Aufgelöst in Chemie
Dung für eine Mondpflanze
Zwischen deinen galvanisierten Lippen

Nie wieder

Nie wieder wird eine Rose Rose sein
Mürbe Blumenblätter flattern statt ihrer:
Welke Augenlider von Toten

Mit dir ist die Sonne begraben
Der Mond – ertrunken im Teich der Tränen –
Geht nicht mehr auf solange ich lebe

Nie wieder wird eine Amsel Amsel sein
Die sanften Schritte der Abgeschiedenen
Dämpfen für immer ihr Lied

Das irre Lächeln der Sterne
Seit Millionen Jahren auf der Wanderung
Steigert zur Nacht meine Qual

Nie wieder werd ich die Freundin des Windes sein
Ich verwünsche ihn
Ob seines Moderduftes

Gespenst

Du tauchst auf aus der Nacht
Und das Elfenbein deiner Schläfe blendet mich

Laß mir Zeit mich zu verschleiern
Mit dem Gärungsstoff meiner Trauer

Mit den drei phosphoreszierenden Löchern
Deines Gesichts wachst du über meine Schlaflosigkeit

Zur Stunde des Schlamms und Morasts
Treibst du durch mich hindurch

Oft in der Hölle des Schlafs
Kommst du zurück mir ohne Gesicht

Ach, ich beschwöre dich mein Toter
Hör auf, hör auf in mir zu sterben!

Obit

Weh, auf der Leinwand meiner kranken Stirn
Läuft Tag und Nacht das Filmband deines Todes:
Schon härtet sich deiner Hände Gebet
Mit grauem Sand füllt sich dein Mund

Vor deinem Bett, in Spinnweb gehüllt,
Stehn die drei Schwestern des Erebus
Scheuchen die Eulen mit den Flügeln aus Krepp
Während Wahnsinn dein Auge weitet

Ein Schrei bleibt hängen am Abendhimmel
Schon verchromt deine letzte Zärtlichkeit
Die schwarzen Veilchen deiner Haare welken
Du streckst dich aus in die Unendlichkeit

Lemuren

Vor den tausend Scherben der Spiegel
Vor dem Sturm ohne Ausweg
Vor dem Zorn der Ruinen
Vor der Tobsucht des Raumes
Vor den unteilbaren Träumen

Vor dem Abgrund gefüllt mit Verwesung
Vor dem Hinterhalt der Sterne
Vor dem Biß der Lemuren
Vor den Blicken aus Schlacken
Vor dem marmornen Händedruck

Vor den Rosen mit deinem Blut gefärbt
Vor den Geiern des Gestern und Morgen
Wo denn verberg ich mein Irrsein
Wenn nicht in deiner knöchernen Umarmung
In der Höhle deines lächelnden Schädels

Haus aus Nebel

Nachtwächterin des schwarzen Hades
Steh ich Posten vor unserm Haus
Vor seinen Mauern beworfen mit Mondkalk
Das Haus von gestern, noch warm von uns.
Schläfst du – unsern Sternpakt verleugnend –
Verräter, der mir selbst im Traum nicht erscheint?

Die Säure eines Gestirnes tropft
Beizende Erinnerung durchs offene Fenster
Und verätzt mir die Kehle
Ein Hund bellt, deiner vielleicht,
Im Jenseits, das die Verzweiflung erfand.
Ach, wie er von ferne mein Herz beißt!

Ein Pärchen wirft den Schatten
Eines gigantischen Glücks auf mich . . .
Wohin vor der Verzückten Küsse fliehn?
Wo vergraben, in welchem räudigen Winkel,
Mein brandiges Herz
Von der Lepra der Liebe zerfressen!

Eurydike

Phantom einer Witwe!
Umsonst durchirr ich die Jahreszeiten
Um wiederzufinden Orpheus' Atem
Sein verlorenes Lied, seine zerbrochene Leier
Die von ihm verführten Rehe
Die Fische wieder süß gewordener Meere
Gezähmte Medusen kostbarer Arkane
Die uralten Bäume, die ihn vor mir kannten:
Alles was er in Vers verwandelte

Gespenst einer halbbeerdigten Frau
Schlaf ich zur Nacht auf dem Salpeterkissen
Am Rand des Sees aus schwarzer Tusche
Streng bewacht von den Fledermäusen –
Selten sind die Fetzen der Töne
Die Orpheus' zerschlitzte Harfe
Sickern läßt durch den finstern Sumpf
Wo das Zischeln der Käuze
Meinen Wahnsinnsschrei begleitet:

»Orpheus! Orpheus! Orpheus!
Eurydike in der Unterwelt ruft dich!«

Beschwörung

Du schautest Gott, wo ich nur eine Wolke sah
Ich sah den Baum doch du die Wurzel
Durch die undurchdringliche Erde hindurch
Und während Mittag in unsren Augen brannte
Warf dein Arm den Schatten des Ahorns auf mich

O »Bauer des Himmels«, der für mich
Orchideen in den Wolken züchtete
Dem Rosen aus duftenden Versen blühten
Der rissige Teiche neu zusammenfügte
Pyrus und Ephesus für mich wiederschuf

Komm zurück mir im Vogel aus Schaum
Im Schatten des männlichen Ahorns
In seiner verzauberten Wurzel
In den Brunnenspiegeln unsrer Träume –
Einen Abschieds-Fingerabdruck
Hinterlaß auf meinem einsamen Tisch:
Ein großer Geist kann kleine Wunder tun!

Klagelied

O hätt ich an Stelle des Trauermantels
Der Schattenkönigin und des Kupferfalters
Deine fliegenden Lächeln gesammelt!
Hätt ich die Topase deiner Blicke
Versichert gegen die diebische Zeit!

Hätt ich deine vielblättrigen Worte
In Büchern gepreßt anstatt grünem Klee!
Doch wie Wellen zerrinnen ließ ich deine Zärtlichkeit
Ohne je zu ergründen ihr blaues Geheimnis
Deine Schritte vergeudete ich auf öden Straßen
Und die Schallplatten ihrer Eile sind zerkratzt
Von meinen törichten Worten

Skapulier

Sooft ich deine Locke halte
Blüht sie wie eine Blume in meiner Hand

Wenn der Wind deine Verse aufsagt
Spüre ich deinen Atem

Ich schnitze in die Bäume der Zukunft
Dein strahlendes Herz

Unzählige Wege die uns zusammen sahen
Geh ich wieder und wieder zurück

Ein Skapulier schützt mich
Es enthält einen kostbaren Tropfen

Jener roten Blutkörperchen
Die dich zum großen Liebenden machten

Ich bin in deinem Herzen geboren

Ich bin in deinem Herzen geboren
An einem Sonntag mit zwanzig Jahren
Du lehrtest mich den Seiltanz
Auf Wolken, den Flug ohne Motor
Du befahlst mir die Tür zu öffnen
Dem Strolch mit dem Kot an den Schuhen
Und dem Mörder die Hand zu reichen

Du lehrtest mich die Ekstase
Vor dem Kiesel geladen mit Dauer
Vor dem Unkraut des Schuttplatzes
Du übtest mit mir das feuerfeste Lied
Das jedem Brand widersteht –
Ja, du brachtest mich zur Welt
Hilf mir auch auszuwandern in den Himmel

Vor deinem Seestern

O Seestern unsrer Jugend
Am Ufer des Paradieses lagst du
Gefallen vom Himmel des Glücks

Wo ist er jetzt der Geliebte
Der dich auflas, Schmuckstück,
Und hängte an die Wand der Zeit?

Lebend Symbol welcher Tiefe
Zauberformel welches Magiers?
Gestrandet an unsrer seligsten Küste

Allein steh ich am Ufer der Qual
Wieder stirbt ein Seestern mir zu Füßen
Und ich hab keine Zukunft mehr ihn zu trocknen

Der zierliche Revolver

Küsse mich, küsse mich
Mit dem schwarzen Kuß deines Mundes
Zierlicher Beschützer aus Stahl! – –
Aber da noch keiner wieder zurückkam
Mit durchlöchertem Herzen
Zögert man das Schicksal zu entsichern.

Als ich im Krieg mit mir selbst lag
Kauft ich heimlich die kleine Waffe – –
Aber schieß ich auf mich
So zerstör ich auch die Liebe
Die jede meiner Zellen für dich füllt

Du lehrtest mich in unsrer Jugend
Mit echten goldenen Kugeln
Ins Herz der magischen Kreise zu zielen
Aber was hinter dem Schuß liegt
Konntest auch du mir nicht sagen

Ach küsse mich Spielzeug in meiner Hand
Mit dem schwarzen Kuß deines Mundes!
Wär ich nur sicher, daß nach der Beerdigung
Am Ausgang des Friedhofs
Der Geliebte auf mich wartet
Und eine neue Zweisamkeit beginnt.

Schlaflosigkeit

Am Abend, wenn süß die Amseln singen
Denk ich an deine »Ode an die Amsel«

Wenn ich in den Spiegel sehe
Finde ich deine unheilbare Trauer

Immer fallen vom Turm drei Schläge
Die Stunde deiner endgültigen Abfahrt

Umsonst trank ich das bittere Haschisch
Kein Rauschgift keine Schlafkur heilt Liebeswahnsinn

Um fünf verläßt das Gespenst seinen Posten
Im Innern der ruhlosen Mauer

Es zückt deine stählerne Waffe: die blaue Feder
Und stößt sie mir langsam ins Herz

Ach, die gefangene Drossel, Rue de Lille,
Klagt schon das Morgenrot an

Von neuem beginnt der tägliche Tod

»Fingerübungen«

»Fingerübungen« schriebst du für mich
»Rot do Blau re Grün mi«
Wie soll ich sie je spielen?
»Der Rosenwälder hohes Rot«
Zerfiel zu grauem Staube
Unser Klavier hat nur noch weiße Tasten
Die Zeit schlug ihm die schwarzen Tasten aus
Wie alte längst verfaulte Zähne
Motten wohnen im Filz der Hämmerchen
Und selbst den Klang der Saiten
Fraß der Rost.
Manchmal erinnern sie sich deiner Hände
Ein Takt von Chopin:
A b des f
Weint aus dem schwarzen Sarg
Er ist aus Asche dieser Takt
Nur Geisterohren vernehmbar

Deine Hände

Einst werden die Zugvögel
In deinen Händen ihre Nester bauen
Maulwürfe und Eidechsen
In ihnen Unterschlupf finden,
Geliebter allen Getiers

Deine Zauberhände:
Von allen Reisen brachten sie
Kostbare Kriegsbeute heim:
Die zahllosen Arme indischer Göttinnen
Augen aus Saphir und Smaragden:

Spiegel für dein vielfältig Ich
Küsse die ein einziger Mund nicht geben kann.
Voll von Trophäen, deine Hände,
Meine Muscheln, in denen ich
Das Weltmeer rauschen hörte

Was tut's, daß sie nur noch Elfenbeinknöchelchen
Sind, deine lieben Hände
Ihre Gebete modern nicht und
Die Gedichte, die sie schrieben, leben,
Immer werden die Liebenden sich in ihnen
Bestätigt finden

Die Schallplatte

Mit jeder Wolke form ich dein Profil
Jedem Kind schenk ich den Honig deiner Augen
Jedem Lebewesen ein Echo
Deiner unerschöpflichen Kosenamen
Produkt von zehntausend Liebesnächten
Heute mit ebensoviel Tränen bezahlt

Den Krümeln des täglichen Brotes
Dem Wachs der Bienen
Der atmenden Töpfererde
Vermische ich Träne und Nebel
Und meißle langsam dein Lächeln.
In den Kies des Stadtparks
Auf die Leinwand der Wüste

In die Falten der Felder
Auf die Teiche der Erinnerung
In den Sand vergangener Jahrhunderte
Hinter dem gläsernen Ladenfenster des Meers
Ziehe ich deine Verse
Eine Legende in Sanskritzeichen
Die allen Stürmen standhält

Aus dem kostbaren Mosaik des Gestern
Bau ich mir einen zeitlosen Tempel
Nur das Orakel fehlt ihm: deine Stimme.
Die Schallplatte in der sie lebt
Vergrub ich im Keller der Zeit
Denn träfen die Töne mein Ohr
Verfiele ich sicher dem Wahnsinn

Die Antirose

Rose, so stolz auf deine Hypnose,
Unschlafmittel der Liebenden,
Dein Duft zwingt die Nachtigall
Die Zukunft zu singen und die Verlassenen
Bei jeder Begegnung mit dir
Zurückzuschaun in die Vergangenheit.

Raubtier mit den scharfen Krallen,
Der Dichter schiebt den Selbstmord auf
Wenn dein Geruch ihn zur Nacht überfällt.
Hinter den Falten deiner strengen Maske
Entdeckt er das große Geheimnis:
Den Ursinn seines Lebens.

Dein rotes Blut wird zur Ampel
An den Straßenecken des Zweifels,
Wo du den nächtlichen Verkehr
Zu eiliger Liebender aufhältst.
Rätsel du, aus Verzicht,
Aus Stolz und kühler Wollust.

O Rose mit dem vielfachen Antlitz,
Überwinderin des Todes,
Die allein unter allem Lebendigen
Dem Zerfall der Zellen trotzt!
Unsterbliche, mit tönendem Atem
Überdauerst du die Vergänglichkeit.

Rose, wie oft in deiner Welle aus Duft
Rührte zur Nacht ein Gott mich an!
Wie jetzt in der letzten Rose des Geliebten,
Der Antirose,
Die die tausend Lieder deiner Schwestern,
Die tausend Tiefen ihrer Wurzeln birgt.

Trost

Dein Haupt für ein Fest geschmückt
Deine Schläfe in der der Gong der Zeit tönt
Dein Prophetenkopf, gekrönt

    Weine, mein Heiliger!
    Klage, mein Rosenstrauß!

Wo sind die Levkojen deines Blicks?
Die Vögel in deiner Kehle jauchzend?
Sommer! Winter! König meines Geschicks!

    Verbrenne, mein Brot!
    Stürz ein, mein totes Haus!

Ein Frühling- oder Regentag
Wird ohne Mitternacht und Tränen sein:
Dein Herz mein Herz schwarz in der Erde: daheim!

Mein letzter Baum

Witwe der Sonne
Und Witwe des Windes
Witwe des Abends
Und des herben Morgens
Witwe des Firmaments
Und des verlornen Gartens:
Was andres bin ich denn
Als ein verstümmelter Schatten!

Ich hasse des Windes Fron
Und das Wittum der Dämmerung
Ich hasse das Wecklied
Der frühen Vögel
Und von Frankreichs Wäldern
Beschwör ich herauf einen einzigen Baum:
Den der sich wandelt in meinen Sarg

Dein »Hohes Lied«

Ich wohne in deinen Reimen
Sie sind meine Festung
Mein Herz ist feuerfest
Beschützt von deinen Reimen
Einem Panzer aus Asbest

Aus jeder liebesroten Rose
Steigt der Duft deines Lieds
Im Lärm der Stadt
Bist du die Stille
Die tausend Ohren hat

Dein heraklitisches Feuer
Brennt in der Kirchen Licht
Speist jeder Bogenlampe Kilowatt
Du bist die Wärme
Dieser kalten Stadt

Du warst der Barde der Seine
Aller Wasser Vielgestalt
Jeder tragische Fluß
Alle Pariser Brunnen
Spiegeln deinen Sängerkuß

Ich wohne in deinen Reimen
Sie sind meine Festung
Kein Verrat deiner Jünger
Vermag sie je zu schleifen –
Dein Reim ist des Geistes Dünger

Unser Grabrelief

Jede Mitternacht halt ich ans Herz
Deine rabenblaue Locke
Noch immer mit Starkstrom geladen
Trifft mich ihr elektrischer Schlag

Den Drosselpfiff mit dem du mich riefst
Übte ich mit Vogeljungen ein
Und als sie flügge waren
Riefst du mich durch sie aus allen Gärten

Im Film den ich von dir drehte
Huscht Orpheus' Schatten über die Leinwand:
Von den Krümeln dieses Schattens
Von etwas Zelluloid nähre ich mich

Man glaubt mich lebend weil ich mich bewege
Und bin ich doch längst zu Bronze erstarrt
Mit dir vereint im Relief von Chagall
Über unsrem Doppelbett aus Stein

Eine größere Zahl dieser Gedichte erschien französisch: *Poèmes d'Amour* 1925, *Poèmes de la Jalousie* 1926, *Poèmes de la Vie et de la Mort* 1927.

Unsre deutsche Fassung der bis 1932 entstandenen Gedichte lag in Fahnen vor, als die Machtergreifung Hitlers ihr Erscheinen verhinderte. Die späteren Gedichte, in englischer oder französischer Sprache geschrieben: *Love Poems* 1947 und *Duo d'Amour* 1950, übertrugen wir nach dem Krieg ins Deutsche. Wir hatten jedoch die Absicht, eine Anzahl der in Krisenzeiten entstandenen Gedichte in keiner Sprache zu veröffentlichen. Da aber vor einigen Jahren, anläßlich einer literarischen Debatte in Deutschland, mir einige Schriftentsteller drohten, »Dinge zu enthüllen, die dem Andenken Yvan Golls abträglich wären«, und diese Drohung auch ausführten und das Privatleben des Dichters in taktloser Weise in die Polemik einbezogen, entschloß ich mich, sowohl unsere Briefe wie die betreffenden Gedichte zu veröffentlichen.

Die Deutsche Akademie Darmstadt hat für ihr Jahrbuch 1967 einen jene Debatte berichtigenden Aufsatz bestellt, der Yvan Goll – wenn auch verspätet – Gerechtigkeit widerfahren läßt und somit den ersten, vor etlichen Jahren in ihrem Jahrbuch erschienenen Artikel, der ohne Kenntnis der Daten und Unterlagen geschrieben worden war, desavouiert.

Ich zitiere nur ein Beispiel aus dem zweiten Bericht. Yvan Goll veröffentlichte am 1. Februar 1942 in *La Voix de France*, der Zeitung der Gaullisten in New York, die in zahllosen Exemplaren über Frankreich abgeworfen wurde, ein Gedicht: *Les Invaincus*, von dem ich hier die ersten zwei Zeilen wiedergebe:

Nous buvons le lait noir
De la vache misère . . .

Die deutsche Übertragung der *Unbesiegbaren* beginnt so:

Schwarze Milch des Elends
Wir trinken dich . . .

Die Tatsache, daß sich Yvan Goll in den Spiegeln vieler Frauenaugen suchte, kann seinem »Andenken« nur in unreinen Phantasien »abträglich« sein. Das Chaos in einem großen Dichter rechtfertigt jede Flucht, sprengt die bürgerlichen Normen von Treue und Untreue.
Vor hundertundfünfzig Jahren schrieb Goethe, in Leidenschaft zu Marianne von Willemer, seiner »Suleika«, entbrannt:

»Daß ich eins und doppelt bin.«

Heute würde er vielleicht schreiben:

»Daß ich eins und zahllos bin.«

Ich hoffe nur, daß sich Yvan Goll nach viel mehr weiblichen Schatten umsah als denen, die über meinen Weg fielen, und sich somit die Verse aus seinem Gedicht *Orpheus* bewahrheiten:

Seit ich, Eurydike, dich verlor
Weil ich mich einmal umsah
Muß ich mich umsehn
Nach allen Frauen der Erde.

C. G.

Bio-Bibliographie

Yvan Golls Selbstdarstellung in der Lyrik-Anthologie »Menschheitsdämmerung« von 1920: »Yvan Goll hat keine Heimat: durch Schicksal Jude, durch Zufall in Frankreich geboren, durch ein Stempelpapier als Deutscher bezeichnet.« Goll war Sohn französischer Juden aus Elsaß-Lothringen, geboren am 29. März 1891 in St. Dié (Vogesen). Er wächst zwischen der französischen Sprache im Elternhaus und der deutschen am Gymnasium von Metz auf, studiert in Straßburg und promoviert 1913 zum Dr. phil. Bei Kriegsausbruch 1914 flüchtete der Pazifist Goll nach Zürich, wo er als freier Schriftsteller im Kreis von Stefan Zweig, Ludwig Rubiner und Hans Arp lebt und in den Bann der expressionistischen Bewegung gerät. In Genf verlobt sich der Fünfundzwanzigjährige 1916 mit Claire Studer (geb. am 29. Oktober 1890), einer jungen Deutschen aus Nürnberg, die in München aufgewachsen war. Mit ihr lebte er 1917 in Lausanne und 1918 in Ascona. Erst 1921, nach zwei Begegnungen Claire Studers mit Rilke, heiraten Yvan und Claire Goll in Paris, wo Goll seit 1920 mit Kubisten, Dadaisten und Surrealisten zusammenarbeitet. Er schreibt satirische Dramen, Essays und vor allem Gedichte – darunter die ersten Liebesgedichte mit seiner Frau. Seit 1932 hat Yvan Goll mit der Dichterin Paula Ludwig ein Verhältnis; Claire unternimmt 1938 einen Selbstmordversuch. 1939 emigrieren die Golls nach New York, wo der Dichter beim amerikanischen Informationsdienst arbeitet. Seine Dichtungen publiziert er in französischen Exil-Zeitschriften. Unheilbar an Leukämie erkrankt, kehrt Goll 1947 mit seiner Frau nach Paris zurück. In Krankenhäusern entstehen seine letzten Dichtungen. Am 27. Februar 1950 stirbt Yvan Goll – »mit französischem Herzen, deutschem Geist, jüdischem Blut und einem amerikanischem Paß«. Claire Goll überlebt ihn um fast drei Jahrzehnte. 1969 entschloß sie sich, den literarischen Nachlaß ihres Mannes und ihren eigenen dem Deutschen Literaturarchiv in Marbach zu übereignen. Sie selbst arbeitete nach dem Tod ihres Mannes rastlos und unermüdlich, übersetzte Yvans Werke und gab sie heraus, schrieb eigene Gedichte, Novellen, Romane und zeichnete schließlich im hohen Alter ihrer beider Leben auf. Am 30. Mai 1977 starb Claire Goll in Paris.

Werke: *Lothringische Volkslieder*, Metz 1912; *Der Panamakanal*, Dichtung (unter Pseudonym Iwan Lassang), Berlin 1912; *Films*, Gedichte (unter Pseudonym Tristan Torsi), Berlin-Charlottenburg 1913; *Elégies Internationales, Pamphlets contre la guerre*, Lausanne 1915; *Requiem pour les morts de l'Europe*, Genf 1916; *Requiem für die Gefallenen von Europa*, Zürich 1917; *Felix, eine Dithyrambe*, Dresden 1917; *Der Torso, Stanzen und Dithyramben*, München 1918; *Der neue Orpheus, eine Dithyrambe*, Berlin 1918; *Dithyramben*, Leipzig 1918; *Die Unterwelt, Gedichte*, Berlin 1919; *Die drei guten Geister Frankreichs*, Essays, Berlin 1919; *Astral, ein Gesang*, Dresden 1920; *Die Unsterblichen*, zwei Überdramen *(Der Unsterbliche, Der Ungeborene)*, Berlin 1920; *Die Chapliniade*, eine Kinodichtung, Dresden 1920; *Das Lächeln Voltaires*, Essay, Basel 1921; *Paris brennt*, Dichtung, Zagreb 1921; *Lassalles Tod*, Drama, Potsdam 1921; *Methusalem*, satirisches Drama, Potsdam 1922; *Le nouvel Orphée, Gesammelte Dichtungen (La Chaplinade, Methusalem, Paris brule, Le nouvel Orphée Astral, Assurance contre le suicide)*, Paris 1923; *Der Stall des Augias*, Tragödie, Berlin 1924; *Der Eiffelturm, Gesammelte Dichtungen*, Berlin 1924; *Germaine Berton*, Essay, Berlin 1925; *Poèmes d'Amour*, Collection Surréaliste (mit Claire Goll), Paris 1925; *Poèmes de la Jalousie* (mit Claire Goll), Paris 1926; *Poèmes de la Vie et de la Mort* (mit Claire Goll), Paris 1927; *Le Microbe de l'Or*, Roman, Paris 1927; *Die Eurokokke*, Roman, Berlin 1927; *Chansons Nègres*, Paris 1928; *A bas l'Europe*, Roman, Paris 1928; *Der Mitropäer*, Roman, Basel 1928; *Die siebente Rose*, Gedichte, Paris 1928; *Royál Palace*, Oper (Musik v. Kurt Weill), Berlin 1928; *Der neue Orpheus*, Cantata (Musik v. Kurt Weill), Berlin 1928; *Sodome et Berlin*, Roman, Paris 1929; *Agnus Dei*, Roman, Paris 1929; *Noemi*, Dichtung, Berlin 1929; *Pascin*, Essay, Paris 1929; *Poèmes d'Amour* (mit Claire Goll), Paris 1930; *Gala*, Roman, Paris 1930; *Deux Chansons de la Seine*, Paris 1930; *Lucifer viellissant*, Roman, Paris 1933; *Chansons Malaises*, Gedichte, Paris 1934; *Métro de la Mort, Ausgewählte Gedichte*, Brüssel 1936; *La Chanson de Jean sans Terre*, Erster Band, Paris 1936; *Deuxième livre de Jean sans Terre*, Paris 1938; *Troisème livre de Jean sans Terre*, Paris 1939; *Fruit from Saturn, Poems in English*, New York 1946; *Atom Elegy*, New York 1946; *Le mythe de la Roche percée*, New York 1947; *Love Poems* (mit Claire Goll), New York 1947; *Traumgras*, Gedichte (unter Pseudonym Tristan Thor), Mainz 1948; *Elégie d'Ihpétonga, suivie de Masques de Cendre*, Paris 1949; *Le Char Triumphal de* *l'Antimoine*, Sonette, Paris 1949; *Jean sans Terre* (Auswahl aus dem Gesamtwerk), Paris 1950; *Les Géorgiques Parisiennes*, Gedichte, Paris 1951; *Dix Mille Aubes* (mit Claire Goll), Paris 1951; *Les Cercles Magiques*, Paris 1951; *Traumkraut*, Gedichte aus dem Nachlaß, Wiesbaden 1951; *Phèdre*, Oper (Musik v. Marcel Mihalovici), Paris 1951; *Nouvelles Petits Fleurs de St. François* (mit Claire Goll), Paris 1952; *Neue Blümlein des heiligen Franziskus* (mit Claire Goll, übers. v. Claire Goll), St. Gallen 1952 (erw. Ausgabe Darmstadt 1957); *Malaiische Liebeslieder* (übers. v. Claire Goll), St. Gallen 1952; *Zehntausend Morgenröten, Gedichte einer Liebe* (mit Claire Goll), Wiesbaden 1952; *Der durchbrochene Felsen*, eine Dichtung (übers. v. Claire Goll), Freiburg 1952; *Abendgesang (Neila), Gedichte aus dem Nachlaß*, Heidelberg 1954; *Malaiische Liebeslieder*, Tokio 1955; *Yvan Goll, Auswahl aus seinen Werken*, Paris 1956; *Der Mythus vom durchbrochenen Felsen, Eine Dichtung* (franz. und deutsch, übers. v. Claire Goll), Darmstadt 1956; *Pariser Georgika* (franz. und deutsch, übertr. v. Claire Goll), Darmstadt 1956; *Multiple Femme, Gedichte*, Paris 1956; *Melusine, lyrisches Drama* (Musik v. Marcel Mihalovici), Berlin 1956; *Jean sans Terre*, Vollst. Ausg., Paris 1958; *Nouvelles Petites Fleurs de St. François d'Assise* (mit Claire Goll), Paris 1959; *L'Histoire de Parménia, Calle Virtude, de la Havana*, Dichtung, Paris 1959; *Herbe du Songe* (übers. v. Claude Vigée), Paris 1959; *Duo d'Amour*, Gedichte (mit Claire Goll), Paris 1959.

Gesammelte Dichtungen: 2 Bde. (hg. v. Claire Goll), Darmstadt 1960; *L'Antirose, Poèmes*, Paris 1965; *Die Antirose* (mit Claire Goll), Wiesbaden 1967; *Malaiische Liebeslieder*, Ebenhausen 1967; *Gedichte, Eine Auswahl*, Meilen/Schweiz 1968; *Oeuvres I und II*, Paris 1970; Claire und Yvan Goll, *Meiner Seele Töne. Das literarische Dokument eines Lebens zwischen Kunst und Liebe – aufgezeichnet in ihren Briefen*, Mainz 1966 (erweiterte Ausgabe Bern/München 1978).

Einzelveröffentlichungen Claire Golls: *Mitwelt*, Gedichte, Berlin 1918/19; *Die Frauen erwachen*, Novellen, Frauenfeld 1918; *Der Gläserne Garten*, Novellen, München 1919; *Der Neger Jupiter raubt Europa*, Roman, Basel/Zürich 1926; *Une Perle*, Roman, Paris 1929; *Ein Mensch ertrinkt*, Roman, Paris 1932; *Arsenik*, Roman, Wien 1933; *Le Tombeau des Amants Inconnus*, Roman, New York 1940; *Contes et Legendes Russes*, Montreal 1946; *Das tätowierte Herz*,

Wiesbaden 1957; *Klage um Yvan*, Wiesbaden 1960; *Der gestohlene Himmel*, München 1962; *Memoiren eines Spatzen des Jahrhunderts*, Paris 1963 (dt. Wiesbaden 1969); *Traumtänzerin*, München 1971; *Ballerine de la Peur*, Paris 1971; *La Poursuite du Vent*, Autobiographie, Paris 1976 (dt. *Ich verzeihe keinem*, Bern/München 1978); *Memoiren eines Spatzen des Jahrhunderts*, Erzählungen und Lyrik, München 1978.